絶景とファンタジーの島

# アイルランドへ
最新版

山下直子

## はじめに

「汽車にのって」<sup>(※)</sup>という詩をご存じでしょうか？

1世紀近い昔、昭和に年号が変わって間もない頃に発表されたこの詩は「汽車にのって　あいるらんどのような田舎へ行こう」とはじまります。詩人は船乗りを夢見た男性。アイルランドへ行ったことはありませんでした。

田舎は日本にもあるのに、なぜ海の向こうの「アイルランドのような田舎」でなくてはならなかったのでしょう。しかも、汽車にのって。エンヤやU2の歌、アイリッシュ・ウイスキーやギネスのことが日本に知られるずっと前から、日本人にとってアイルランドは、旅情を誘う国だったようです。

この本は、そんな大西洋に浮かぶ緑の島のことを、ひとりでも多くの方に知っていただきたいと思って書きました。活気あふれる街の楽しみ、おいしい食べ物、胸がきゅんとなるような絶景スポット、妖精の話、ケルトや古代遺跡についてもご紹介しています。通常のガイドブックのように名所を並べるかたちではなく、みなさんに知っていただきたいおすすめだけをいっぱいに詰めこませていただきました。自然や伝統文化を大切にしながら今に輝く、21世紀のアイルランドを身近に感じていただけたらうれしいです。

この本が、これからアイルランドへ旅立とうという方、いつの日か訪れたいと夢見る方の旅のヒントになりますように。アイルランド行きの汽車に乗ったような気分で、楽しくリラックスして読み進めていただけましたら幸いです。

※1929年（昭和2年）に発表された昭和を代表する詩人・丸山薫の作品

# CONTENTS

## ¹⁵³ Northern Ireland

※本書掲載のデータは2023年7月現在のものです。店舗の移転、閉店、価格改定などにより、実際と異なる場合があります。

※電話番号は現地の電話番号を市外局番から掲載しています。アイルランドの国番号は「353」です。

※アイルランドでは全所帯に「エアコード（Eircode）」というアルファベットと数字を組み合わせた7ケタのコードが割り当てられています（北アイルランドを除く）。Google Mapにこのコードを入れると、場所が特定されるので便利。本書では各スポットの住所部分に記載しています。

# アイルランドの歴史

## 古代からバイキング時代まで

アイルランド島には氷河期が終わった約1万年前から人が住むようになり、紀元前4000年頃から農耕がはじまりニューグレンジやキャロウモア (P.96) などの巨石古墳が建造されました。紀元前700年頃になるとヨーロッパ大陸よりケルト人 (P.12) が到来。5世紀頃から普及したキリスト教文化が融合し、「聖人と学者の島」として修道院を中心に繁栄しました。800年頃より侵入したバイキングが沿岸部に都市を建設。ダブリンはバイキングによって世界いちの港町として発展し、988年に市政が敷かれました。

## イギリス支配のはじまりと強化

1014年、クロンターフの戦いでブライアン・ボルー王がバイキングに勝利しケルト勢力が盛り返しますが、ほどなくイングランドの介入を招き、東部、南部はイギリス貴族により統治されるようになります。土地の風習になじみアイルランド人と同化した彼らは、アングロアイリッシュと呼ばれるように。

16世紀、イングランド王ヘンリー8世の宗教改革を引き継いだエリザベス1世女王は、北部、西部へも勢力を拡大。1601年のキンセールの戦いでの敗北をきっかけに、最後の砦だった北部アルスター王国が陥落。イングランド人やスコットランド人が入植します（その影響がのちの北アイルランド問題の発端に）。その後、1649年のクロムウェルの侵略、1690年のボイン川の戦いの敗北を経て、アイルランド全土がイギリスの支配下となります。

## 移民と独立への歩み

土地や宗教の自由を剥奪され小作農となったアイルランド人は、18世紀以降、国外へ新天地を求めるようになります。1845〜48年に全土を襲ったジャガイモ大飢饉 (P.46) による飢餓と移民の増加で、人口は800万人から600万人に激減。現在アイルランド系人口は全世界に8000万人、そのうち約4000万人がアメリカ合衆国でアイリッシュ・アメリカンを名乗っています。

19世紀になると解放の父ダニエル・オコンネルがカトリック教徒の自由と

上から／グレース・オマーリー(1530-1603) 海賊の女王と呼ばれ、エリザベス1世のイギリス支配に最後まで抵抗した。／ダニエル・オコンネル(1775-1847) カトリック教徒に対する差別の大半を撤廃した解放の父。／マルキヴィッチ侯爵夫人(1868-1927) お嬢様育ちから革命家・政治家に転身。独立戦争を戦い、ヨーロッパ初の女性大臣に。

夜明けのダブリン・ドックランズ。

権利を法的に奪回。詩人W.B.イェイツ（P.86）らによるケルト復興運動が起こり、民族主義が台頭します。1916年のイースター蜂起、それに続く独立戦争を経て、1922年、アイルランド自由国が建国されました。このとき北部6県は北アイルランドとしてイギリス統治下にとどまることになり、完全独立を目指す勢力との間に内戦が勃発。その後何十年にもわたり北アイルランドの人々の政治的立場に影響を与えました。そして1949年、共和制国家アイルランドとして正式にイギリス連邦より離脱します。

## 北アイルランド紛争

　1922年のアイルランド独立以降、北アイルランドでは人口の3分の2を占めるプロテスタント系住民が支配的地位を占めていました。1968年、少数派カトリック系住民の差別撤廃運動がプロテスタント系住民と衝突。以降30年以上にわたり、南北アイルランド統一を掲げるアイルランド共和軍（IRA）、北アイルランドのイギリスへの残留を主張するアルスター義勇軍（UVF）のテロ活動を中心に紛争が続きましたが、90年代より和平へ向けて前進。1998年に和平合意が成立し、2007年にテロ組織の武装解除が宣言され、北アイルランド連立自治政府が誕生しました。

## ケルティック・タイガーとその後

　90年代半ばより、政府機関の助成金や低い法人税率で外国企業を誘致する政策がとられ、「ケルティック・タイガー」と呼ばれる経済成長が起こりました。生活水準が飛躍的に上昇し、近年1人当たりのGDP世界第2位（2023年3月現在）の富裕国となった一方で、急速な経済成長により失いかけた家族の絆や生活のゆとりを大切にするクオリティ・オヴ・ライフも見直されています。2015年には世界初の国民投票による同性結婚の合法化を達成、より多様性のある社会に。強い経済と高いワクチン接種率で新型コロナ禍からの回復も早く、2021〜2022年を通して回復力世界第1〜2位を維持、観光客もコロナ禍以前のピーク時の73%まで回復（2022年）しています。

上から／マイケル・コリンズ（1890-1922）独立時の暫定政府代表者。内戦中に若くして暗殺された。今も国民に人気で、その生涯は映画化もされた。／トム・クリーン（1877-1938）20世紀初頭に3度の南極探検に参加し偉業を成し遂げた。／ヴェロニカ・ゲラン（1958-1996）90年代にダブリンの麻薬犯罪を暴き暗殺された勇敢な女性ジャーナリスト。

# アイルランド花図鑑

アイルランドの植生はユニークでバラエティ豊か。高緯度ながら暖流のおかげでマイルドな気候、マイクロクライメイト（局所気候）も多く、高地を好む山野草もあたたかい地域原産の草木も、同じ大地に花を咲かせます。

凡例：①見られる時期／②見られる場所／③花の説明

### Gorse
【ハリエニシダ】

①3〜5月／②島内全域／③春の訪れとともに野山を一面黄色く染める花。満開になるとココナツに似た甘い香りがただよう。

### Howthorn
【サンザシ】

①5〜6月／②島内全域／③牧草地の生垣に多い灌木。花の最盛期はまるで雪が降り積もったかのよう。通常白だが、まれにピンクもあり。

### Rhododendron
【西洋シャクナゲ】

①5〜6月上旬／②ウィックロウ、ホウス、コネマラ、メイヨー、キラーニー国立公園など／③巨木を覆う大きな花のかたまりが見事。野生種は濃いピンク色だが、園芸種が自生して色とりどり咲く地域も。

### Sea Pink
【ハマカンザシ】

①5〜6月／②アラン諸島、バレン、ホウス、コーズウェイ・コーストなど／③「海のピンク」の英名のとおり、海辺を縁取るピンク色がかわいい。初夏の訪れを感じさせてくれる花。

### Bloody Cranesbill
【アケボノフウロウ】

①6〜7月／②アラン諸島、バレンなど／③岩場を好んで咲く可憐な花。英名の「Cranesbill＝鶴のクチバシ」は咲き終わると花びらを巻いて首を垂れる様子から。

### Wild Orchid
【ワイルドオーキッド】

①5月中旬〜7月／②アラン諸島、バレン、コーズウェイ・コースト、スライゴ、ドニゴール、メイヨーなど／③小さな花をよく見るとランの形。ピンクや白など色や花のつき方が少しずつ違うものが30種もある。

××××××××××××××××××××××××××××××××××××××××××××××

### Buttercup
【キンポウゲ】

### Foxglove
【ジギタリス】

### Honneysuckle
【スイカズラ】

### Bluebell
【ブルーベル】

6

左・ハリエニシダの群生。満開時には油分を多く含む花が風でこすれて山火事の原因になるほどに咲き誇る。／右・サンザシの花で縁取られるタラの丘。ケルト人が聖木として大切にした木のひとつ。

## Harebell
【イトシャジン】

①7〜9月／②アラン諸島、バレン、コーズウェイ・コースト、スライゴ、ドニゴールなど／③「野ウサギの鐘」の英名がかわいい可憐な山野草。この花が群生する地は妖精の集合場所との言い伝えも。

## Scabiosa or Devil's Bit
【スカビオサまたはマツムシソウ】

①7〜9月／②コーズウェイ・コースト、アラン諸島、バレン、スライゴ、ケリーなど／③盛夏から初秋にかけて野山を彩る。「Devil's Bit＝悪魔の切れ端」の英名は根が切られたかのように短いから。

## Fuchsia
【ホクシャ】

①7〜8月／②アラン諸島、ディングル半島、ウエスト・コーク、大西洋岸全域／③19世紀に南米より伝えられ、今や各地に自生して夏の風物詩に。アイルランド語では「神様の涙（Deora Dé）」と呼ばれる。

## Montbretia
【ヒメヒオウギスイセン】

①7〜8月／②ディングル半島、クレアなど／③鮮やかなオレンジ色が夏の濃い緑に映えてきれい。繁殖が旺盛で近年広域で見られるようになった。

## Bog Cotton
【ワタスゲ】

①7〜8月／②ドニゴール、コネマラ、メイヨー、ケリーなど／③泥炭地に群生。花後につけるフワフワした綿毛が印象的。英名の「ボグ（Bog）」は泥炭を意味するアイルランド語。

## Heather
【ヒース】

①7月下旬〜9月上旬／②ウィックロウ、ホウス、コネマラ、メイヨー、ドニゴールなど／③ピンク色のじゅうたんを敷きつめたかのように荒れ地に群生。花の大きさ、色の濃淡が違うものが島内に6種あり。

### Primrose
【サクラソウ】

### Bladder Campion
【シラタマソウ】

### Snowdrop
【マツユキソウ】

### Wild Garlic
【クマーラまたはラムソン】

# アイルランドの妖精のお話

「妖精の国」と言われるアイルランド。その由来はどうやらキリスト教以前の精霊信仰と関係があるようです。古代アイルランド人は樹木、水、花など自然万物に精霊が宿ると信じていました。ところがキリスト教では神様はひとつなのでつじつまが合わず、精霊たちはおとぎ話のなかの「妖精」になり変わり人々の暮らしのなかに生き続けることに。昔は石の砦に棲むと考えられ、妖精界に連れ去られたら大変!と人々は近づきませんでした。そんな迷信が幸いして古代の砦が保存されたという事情も。

デリナンの森のなかにある夢いっぱいのフェアリー・ハウス。妖精は今も身近な存在。

## 妖精に会いに森へ!

# Irish Fairy Trails
【アイリッシュ・フェアリー・トレイルズ】

南西部 | デリナンハウス／パークナシラの森

　近年各地に増えつつあるフェアリー・トレイル／ウォーク／フォレストの火付け役となった初代トレイル。地元女性が娘の発案で手作りしたというかわいらしいフェアリー・ハウスをひとつずつ探しながら静かな森を歩けば、おとぎ話の世界がいつのまにか現実にオーバーラップ。木の葉がカサリ……と音を立てるのは、急ぎ足の妖精が駆けていくせいかもしれませんね。

トレイル沿いにあるいろんなタイプの妖精の家。妖精の好みに合わせて改築・新築され続けています。

パークナシラの森の入り口。妖精に出会えるかどうかドキドキ。

デリナン・ハウス敷地内の森のなか
■ Derrynane House, Caherdaniel, Co. Kerry, V23 FX65
MAP♥P.18[C-1]
パークナシラ・リゾート・アンド・スパ・ホテル敷地内の森のなか
■ Parknasilla Resort & Spa, Sneem, Co. Kerry, V93 EK71
MAP♥P.18[C-1]
https://irishfairytrails.com

## いちばん人気の妖精、レプラコーン

　レプラコーン（Leprechaun）の身体の大きさは大人の手のひらから肘までくらい。姿かたちはおじいさん。妖精の国の靴屋で、貯めた金貨を人間に盗られまいと壺に入れて隠しています。隠し場所はなんと虹のふもと！ アイルランドで虹が見えたらお金持になれると言われるのはそのため。

　通常地下に住んでいますが、人間が寝静まる闇夜の時間にこっそり地上に出てきます。

緑の衣装が定番。お茶目なキャラクターだが人間に地下へ追いやられた悲しい過去も。

ここなら妖精も静かに暮らせそう。

## 妖精にさらわれないよう 要注意

　その昔、人間との戦いに敗れて追われた妖精は、その恨みから人間を連れ去ってしまうことがあります。妖精学に興味津々だったノーベル賞受賞のイェイツ（P.86）によると…

**妖精界に連れて行かれたことのある人の特徴**

♣しゃべる度にどもる（見聞きしたことを話さないよう口封じにされているので）。
♣歩く時に足が踊ってしまう（理由は不明）。

**妖精にさらわれやすい人の特徴**

♣女性➡若くてきれいな人。妖精がお嫁さんにしたいから。
♣男性➡ハーリング（アイルランド国技の球技）が上手な人。妖精が遊び相手にしたいから。

---

### ダブリン近郊 ｜ ラズボロ・ハウスの森

　かつての貴族の邸宅の広大な敷地に、妖精たちが密やかに住む一角が。「レディーズ・アイランド」と呼ばれる小さな島を目指して小道をゆけば、木々に色とりどりのフェアリー・ドアを見つけることができます。ノックしたら妖精が目を覚ましてしまいそう……とおそるおそる扉をたたく子どもたちも。

上・素敵なフェアリー・ドアはNatures Sculptures Irelandのジョーさん作。ドアだけの販売も。

上・仲良しフェアリー一族の住まい？ 互いに訪ね合う妖精たちの綱渡りが見られそう！／左・妖精たちへの手紙やプレゼントはこのレターボックスへ。

ラズボロ・ハウス敷地内の森のなか
Russborough House, Russborough, Blessington, Co. Wicklow, W91 W284
https://www.russborough.ie/park/trails／MAP♥P.16[B-1]

# アイルランドの5大遺跡図鑑

荒野、苔むした教会の傍ら、断崖絶壁や丘の上など
あちこちで目にする歴史遺産。アイルランドでぜひ見ておきたい、
代表的な5つのモニュメントをご紹介しましょう。

## Dolmen (Portal Tomb)
【ドルメン（ポータル・トゥーム／支石墓）】

年代：新石器時代初期（紀元前4000〜3000年）

　5本の支柱に石蓋をのせた、巨大なテーブルにも似た墳墓。石の種類や形により、趣きが変わります。家族やコミュニティの共同墓地で、入口はふさがず、先祖の遺灰遺骨がいつも見える状態。当時の人々は死者の霊に守られて安心して日々暮らしていました。島内に約160基あり、島の北半分と南東部に多く見られます。

Brownshill Dolmen（ブラウンズヒル・ドルメン）／カーロウ県　MAP♥P.13

Carrowkeel（キャロウキール）／スライゴ県　MAP♥P.13

## Passage Tomb 【パッセージ・トゥーム（羨道墳）】

年代：新石器時代中期（紀元前3000年前後）

　盛り土を固めた大型の巨石古墳。内部には細い通路に続く石室があり、謎めいた渦巻やジグザグ模様が見られるのが特徴。この頃農耕が普及し、移動生活から定住が進み、社会に階級の差が生まれました。墓の在り方もプライベートなもの、エリート階級のための特別なものに変化していったようです。

Knowth（ナウス）／ミース県　MAP♥P.16[A-1]

### ドルメンと似ているけれど違う！

## Wedge Tomb
【ウェッジ・トゥーム】

年代：新石器時代末期〜青銅器時代初期
（紀元前2500〜2000年）

　よく見ると支柱が5本以上あり、ドルメンより低く、整った箱型。2枚の石蓋を重ねた部分にへこみがあり、名前のとおりウェッジ（くさび）型。島内に500〜550基（西部、北西部に多い）ありますが辺鄙な場所が多いためなかなか目にしません。古代遺跡が少ない南部に、例外的に状態のよいものが残されています。

Altar Wedge Tomb（アルター・ウェッジ・トゥーム）／コーク県　MAP♥P.13

## Stone Fort
### (Hillfort)
【ストーン・フォート（ヒル・フォート）】

大陸からやってきたケルト人が外敵から身を守るために使用した要塞。小高い丘や断崖絶壁にある場合が多く、見晴らし抜群。堅固に築かれた分厚い外壁のなかには、籠城戦に備えた秘密の抜け道がつくられています。大西洋岸一帯に多く見られます。

Cahergall（カヘゴル）／ケリー県　MAP♥P.13

年代：鉄器時代（紀元前500〜紀元後400年）におもに使用されたが、建設されたのはそれ以前であることが多い

## High Cross (Celtic Cross)
【ハイクロス（ケルト十字架）】

年代：800〜1000年頃（まれに1400年代以降の変種クロスもあり）

聖地の目印としてキリスト教会に盛んに設置された十字の石像。交点にリングをはめ込んだようなデザインは、アイルランド、スコットランドなどケルト人が影響を及ぼした地域に見られ、ケルト十字と呼ばれます。美しい幾何学模様や聖書のシーンが彫刻されることが多く、まさにアイルランドの路傍の芸術と言えるでしょう。

Ahenny（アヒーニー）／ティペラリー県　MAP♥P.13

## Round Tower
【ラウンド・タワー】

年代：900〜1200年頃

中世のアイルランドは森に覆われていて、聖地を目指す巡礼者はしばしば方角を見失いました。そんな時に目印となったのが聖地に建設されたこの円塔。分厚い壁と先細りの構造でバランスを保っています。島内に約90塔建設され、そのうち65塔が現存。鐘楼、見張りの塔、敵が攻めてきた時に逃げ込む要塞としても使われました。

Kilmacduagh（キルマクドク）／ゴールウェイ県　MAP♥P.13

### ちょっとかわいい石像＆石柱

Monasterboice（モナスターボイス）／ラウス県　MAP♥P.13

## Janus Figure 【ヤヌス像】

頭でっかちで、うつろに見開いた目、交差する両腕、腰のベルトなどケルト・スタイルの数少ない石像。ケルトの戦士または豊穣の神のように見えますが、両面に顔があるせいでローマ神話の扉の神ヤヌスの名で呼ばれています。紀元前後のものと推定。墓地のなかにあり、墓参りにやって来る地元の人々にかわいがられているお地蔵さん的存在。

▌ Caldragh graveyard, Boa Island, Co. Fermanagh／MAP♥P.13

## Kilnasaggart Pillar Stone 【キルナサガート石柱】

ユニークな丸囲みの十字模様が側面いっぱいに装飾された石柱。裏面にはアイルランド語で碑文が刻まれており、文字を持たないアイルランド語がアルファベットで表記された最初のものだと言われます。碑文の内容から推定して、おそらく700年頃のもの。ラテン十字とケルト十字がミックスしたような斬新なデザインがなんだかモダン。

▌ Foughilotra Road, Newry, Co. Down／Moyry Castle近く／MAP♥P.13

## 「ケルトの島」と呼ばれる所以

　アイルランド人の祖先[※]と言われるケルト人は、紀元前にヨーロッパや現トルコのアナトリア地方に住み、共通の言語や文化を有していた人々。その起源は不確かで、かつては中央ヨーロッパから西へ移動したとされていましたが、現在は歴史家のあいだで議論されています。アイルランド島に渡って来たのは紀元前500年頃前後。一族の長を中心とした共同体で暮らし、それをいくつかまとめたトゥーハと呼ばれる小王国が島内に150〜200あったといわれます。高台や湖に作った人工の島に、石や土塀で築いた砦を建てて外敵から身を守り、家畜を飼い、穀物を育て、狩猟し野草を集めて暮らしました。自然万物に神が宿るという精霊信仰を持ち、ドルイド（「樫の木の賢者」の意味）と呼ばれる司祭が儀式を司りました。さらに、言葉に魂が宿ると考えた彼らはすべてを口承で伝え、文字に残すことをしませんでした。

　ケルト人はアイルランド島へ渡ったのとほぼ同時期にブリテン島へも渡っていますが、カエサル率いるローマ軍の侵入を受け徐々にローマ化が進行。一方、ローマ人はアイルランド島には興味を示さず、5世紀に島に入ってきたキリスト教と融合したケルト文化は黄金時代を迎えます。「ケルズの書」（P.24）や博物館で見る美しい細工の装飾品はその頃のもの。キリスト教の布教によって文字も徐々に広まりました。イギリス支配時代には忘れ去られたかにも見えたケルト的なものも、18世紀以降の国民主義の台頭でリバイバル。アールヌーボーやロマン主義の一環として芸術や文学に取り入れられ今に伝えられています。

　辺境だったことが幸いして、「ケルトの島」と呼ばれることになったのでした。

※アイルランド島に渡ったケルト人と先住民族が融合。ケルト人以降もバイキング、イギリスのアングロサクソンが到来し厳密にはさまざまな血が混じっている。

上から／ケルト人が愛用した豪華なピン・ブローチの複製品€250。タラの丘のショップにて。／ケルト人の暮らしの様子を再現した施設。
Navan Centre & Fort／MAP♥P.13
http://www.armagh.co.uk/navan-centre-fort

©The Glen Gallery

## アイルランド共和国基本情報

＊正式国名　エーラ（Eire：アイルランド語）、
　　　　　　アイルランド（Ireland：英語）

＊面積　70,282 km²

＊首都　ダブリン

＊人口　5,149,139人（2022年4月）

＊政治体制　立憲共和制

＊産業　金融、製薬、情報通信、食品・飲料

＊宗教　69%がカトリック教徒（2022年4月）

＊言語　アイルランド語（第1公用語）及び英語（第2公用語）
　　　　ほぼ全土で英語が通じる

＊通貨　ユーロ　€1＝156円（2023年7月現在）

＊日本との時差　9時間（3月最終日曜〜10月最終土曜の
　　　　　　　　サマータイム時は8時間）

## 北アイルランド基本情報

※グレートブリテン及び北アイルランド
　連合王国（イギリス）の一部

＊面積　14,139km²

＊首都　ベルファースト

＊人口　1,903,100人（2021年3月）

＊宗教　42.3%がカトリック、
　　　　37.4%がプロテスタント
　　　　（長老派、アイルランド聖公会、
　　　　メソジストなど）（2022年4月）

＊通貨　UKポンド　£1＝183円
　　　　（2023年7月現在）

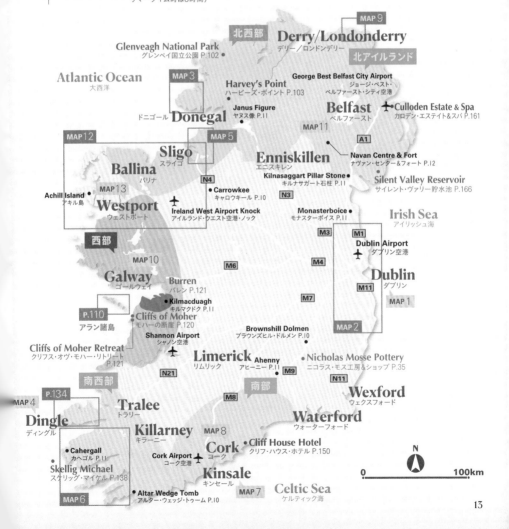

北西部

MAP 9
Derry/Londonderry
デリー／ロンドンデリー

北アイルランド

Glenveagh National Park
グレンベイ国立公園 P.102 ●

Atlantic Ocean
大西洋

MAP 3

Harvey's Point
ハービーズ・ポイント P.103

George Best Belfast City Airport
ジョージ・ベスト・
ベルファースト・シティ空港

Belfast
ベルファースト

✈ Culloden Estate & Spa
カロデン・エステイト&スパ P.161

ドニゴール Donegal

Janus Figure
ヤヌス像 P.11

MAP 12

MAP 5

MAP 11

Sligo
スライゴ

Enniskillen
エニスキレン

A1

Navan Centre & Fort
ナヴァン・センター&フォート P.12

Ballina
バリナ

N4

Kilnasaggart Pillar Stone ●
キルナサガート石柱 P.11

Silent Valley Reservoir
サイレント・ヴァリー貯水池 P.166

Achill Island ●
アキル島

MAP 13

● Carrowkee
キャロウキール P.10

N3

Westport
ウェストポート

✈ Ireland West Airport Knock
アイルランド・ウエスト空港・ノック

Monasterboice ●
モナスターボイス P.11

Irish Sea
アイリッシュ海

西部

M3

M1

Dublin Airport
ダブリン空港 ✈

MAP 10

M6

M4

Galway
ゴールウェイ

Burren
バレン P.121

Dublin
ダブリン

● Kilmacduagh
キルマクドク P.11

M7

M11

MAP 1

● Cliffs of Moher
モハーの断崖 P.120

Brownshill Dolmen
ブラウンズヒル・ドルメン P.10

MAP 2

P.110
アラン諸島

Shannon Airport
シャノン空港 ✈

Cliffs of Moher Retreat
クリフス・オヴ・モハー・リトリート
P.121

Limerick
リムリック

Ahenny
アヒーニー P.11

M9

Nicholas Mosse Pottery
ニコラス・モス工房&ショップ P.35

N21

N11

Wexford
ウェクスフォード

南西部

M8

南部

P.134

Tralee
トラリー

Waterford
ウォーターフォード

MAP 4

Dingle
ディングル

Killarney
キラーニー

MAP 8

N

● Cahergall
カヘゴル P.11

Cork ✈ Cliff House Hotel
コーク　クリフ・ハウス・ホテル P.150

●

Cork Airport ✈
コーク空港

Skellig Michael
スケリッグ・マイケル P.138

Kinsale
キンセール

0　　　　　　100km

MAP 6

● Altar Wedge Tomb
アルター・ウェッジ・トゥーム P.10

MAP 7

Celtic Sea
ケルティック海

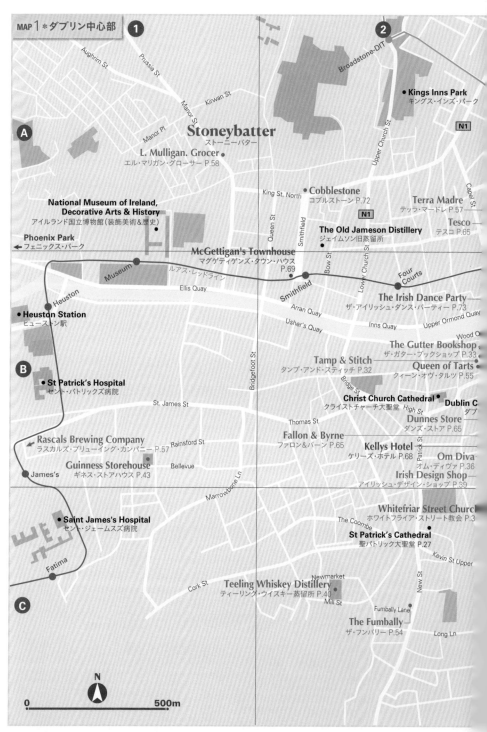

**①**

**②**

Aughrim St

Prussia St

Kirwan St

Broadstone-DIT

• **Kings Inns Park**
キングス・インズ・パーク

Manor St

**Ⓐ**

Manor Pl

**Stoneybatter**
ストーニーバター

Upper Church St

**N1**

**L. Mulligan. Grocer** •
エル・マリガン・グローサー P.58

King St. North

• **Cobblestone**
コブルストーン P.72

Capel St

**Terra Madre**
テッラ・マードレ P.57

**National Museum of Ireland,
Decorative Arts & History**
アイルランド国立博物館(装飾美術&歴史)

Queen St

Smithfield

**N1**

**The Old Jameson Distillery**
ジェイムソン旧蒸留所
•

**Tesco**
テスコ P.65

**Phoenix Park**
← フェニックス・パーク

Bow St

Lower Church St

**McGettigan's Townhouse**
マグゲティゲンズ・タウン・ハウス
P.69

**Four
Courts**

Museum

Ellis Quay

Smithfield

**The Irish Dance Party**
ザ・アイリッシュ・ダンス・パーティー P.73

Heuston

Arran Quay

Inns Quay

Upper Ormond Quay

• **Heuston Station**
ヒューストン駅

Usher's Quay

Wood Q

**The Gutter Bookshop**
ザ・ガター・ブックショップ P.33

Bridgefoot St

**Tamp & Stitch**
タンプ・アンド・スティッチ P.32

Bridge St

**Queen of Tarts**
クィーン・オヴ・タルツ P.55

**Ⓑ**

• **St Patrick's Hospital**
セント・パトリックズ病院

**Christ Church Cathedral** •
クライストチャーチ大聖堂

High St

**Dublin C**
ダブ

St. James St

Thomas St

**Dunnes Store**
ダンズ・ストア P.65

← **Rascals Brewing Company**
ラスカルズ・ブリューイング・カンパニー P.57

Rainsford St

**Fallon & Byrne**
ファロン&バーン P.65

Patrick St

**Kellys Hotel**
ケリーズ・ホテル P.68

**Om Diva**
オム・ディヴァ P.36

**Guinness Storehouse**
ギネス・ストアハウス P.43

Bellevue

James's

**Irish Design Shop**
アイリッシュ・デザイン・ショップ P.39

Marrowbone Ln

**Whitefriar Street Churc**
ホワイトフライア・ストリート教会 P.3

• **Saint James's Hospital**
セント・ジェームズス病院

The Coombe

**St Patrick's Cathedral**
聖パトリック大聖堂 P.27
•

New St

Kevin St Upper

Fatima

Newmarket

Cork St

**Teeling Whiskey Distillery**
ティーリング・ウイスキー蒸留所 P.40

Mill St

Fumbally Lane

**Ⓒ**

**The Fumbally**
ザ・フンバリー P.54

Long Ln

**N**

0 ———— 500m

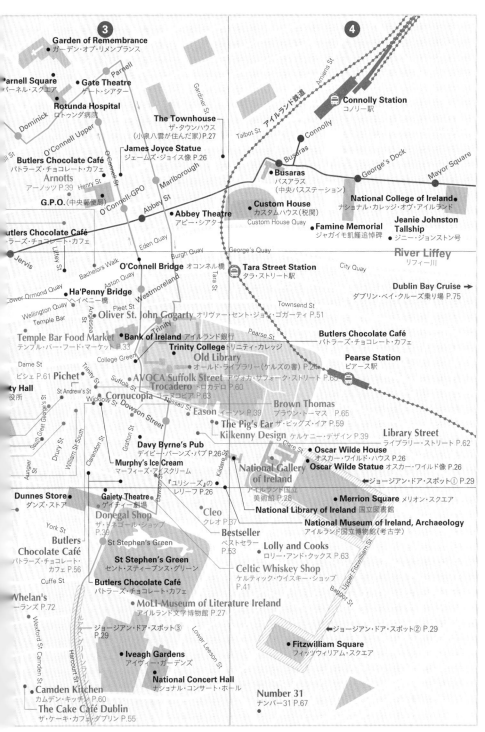

③
**Garden of Remembrance**
ガーデン・オブ・リメンブランス

**Parnell Square**
パーネル・スクエア

Parnell

**Gate Theatre**
ゲート・シアター

**Rotunda Hospital**
ロトゥンダ病院

Gardiner St

Dominick

O'Connell Upper

O'Connell St

**The Townhouse**
ザ・タウンハウス
（小泉八雲が住んだ家）P.27

Talbot St

アイルランド鉄道

Amiens St

④

**Connolly Station**
コノリー駅

Connolly

**James Joyce Statue**
ジェームズ・ジョイス像 P.26

Henry St

**Butlers Chocolate Café**
バトラーズ・チョコレート・カフェ

**Arnotts**
アーノッツ P.39

Marlborough

O'Connell-GPO

**G.P.O.** (中央郵便局)

Abbey St

Busaras

George's Dock

Mayor Square

**Busaras**
バスアラス
（中央バスステーション）

**National College of Ireland**
ナショナル・カレッジ・オヴ・アイルランド

**Abbey Theatre**
アビー・シアター

**Custom House**
カスタムハウス（税関）
Custom House Quay

**Famine Memorial**
ジャガイモ飢饉追悼碑

**Jeanie Johnston Tallship**
ジニー・ジョンストン号

Butlers Chocolate Café
ラーズ・チョコレート・カフェ

Eden Quay

Burgh Quay

George's Quay

City Quay

**River Liffey**
リフィー川

Jervis

Liffey St

Bachelors Walk

**O'Connell Bridge** オコンネル橋

Aston Quay

Tara St

**Tara Street Station**
タラ・ストリート駅

**Dublin Bay Cruise** →
ダブリン・ベイ・クルーズ乗り場 P.75

Lower Ormond Quay

**Ha'Penny Bridge**
ヘイペニー橋

Wellington Quay

Westmoreland

Townsend St

Temple Bar

Fleet St

Anglesea St

**Oliver St. John Gogarty** オリヴァー・セント・ジョン・ゴガーティ P.51

Trinity

Pearse St

**Butlers Chocolate Café**
バトラーズ・チョコレート・カフェ

**Temple Bar Food Market** ● **Bank of Ireland** アイルランド銀行
テンプル・バー・フード・マーケット P.33

**Trinity College** トリニティ・カレッジ

**Pearse Station**
ピアース駅

Dame St

ビシェ P.61 **Pichet**

College Green

**Old Library**
オールド・ライブラリー（ケルズの書）P.26

ty Hall
役所

St Andrew's St

Trinity St

Suffolk St

**AVOCA Suffolk Street** アヴォカ・サフォーク・ストリート P.65

**Trocadero** トロカデロ P.60

**Cornucopia** コーヌコピア P.63

Wicklow St

Dowson Street

Nassau St

**Eason** イーソン P.39

**Brown Thomas** ブラウン・トーマス P.65

**The Pig's Ear** ザ・ピッグズ・イア P.59

Clare St

**Kilkenny Design** ケルケニー・デザイン P.39

**Library Street**
ライブラリー・ストリート P.62

Aungier

Drury St

William St South

Clarendon St

Grafton St

**Davy Byrne's Pub**
デイビー・バーンズ・パブ P.26

**Murphy's Ice Cream**
マーフィーズ・アイスクリーム

Kildare St

**Oscar Wilde House**
オスカー・ワイルド・ハウス P.26

**Oscar Wilde Statue** オスカー・ワイルド像 P.26

←ジョージアン・ドア・スポット① P.29

**National Gallery of Ireland**
アイルランド国立
美術館 P.28

**Dunnes Store**
ダンズ・ストア

York St

**Gaiety Theatre**
ゲイティー劇場

『ユリシーズ』の
レリーフ P.26

**Merrion Square** メリオン・スクエア

**National Library of Ireland** 国立図書館

**Donegal Shop**
ザ・ドネゴール・ショップ
P.39

St Stephen's Green

**Cleo**
クレオ P.37

**Bestseller**
ベストセラー
P.53

**National Museum of Ireland, Archaeology**
アイルランド国立博物館（考古学）

**Butlers Chocolate Café**
バトラーズ・チョコレート・
カフェ P.56

Cuffe St

**St Stephen's Green**
セント・スティーブンス・グリーン

**Butlers Chocolate Café**
バトラーズ・チョコレート・カフェ

**Lolly and Cooks** ロリー・アンド・クックス P.63

**Celtic Whiskey Shop**
ケルティック・ウイスキー・ショップ
P.41

Upper Fitzwilliam St

Baggot St

**Whelan's**
ーランズ P.72

**MoLI-Museum of Literature Ireland**
アイルランド文学博物館 P.27

ジョージアン・ドア・スポット③
P.29

Lower Leeson St

←ジョージアン・ドア・スポット② P.29

**Iveagh Gardens**
アイヴィー・ガーデンズ

**Fitzwilliam Square**
フィッツウィリアム・スクエア

Wexford St

Camden Row

Harcourt St

**Camden Kitchen**
カムデン・キッチン P.60

**National Concert Hall**
ナショナル・コンサート・ホール

**The Cake Café Dublin**
ザ・ケーキ・カフェ・ダブリン P.55

**Number 31**
ナンバー31 P.67

15

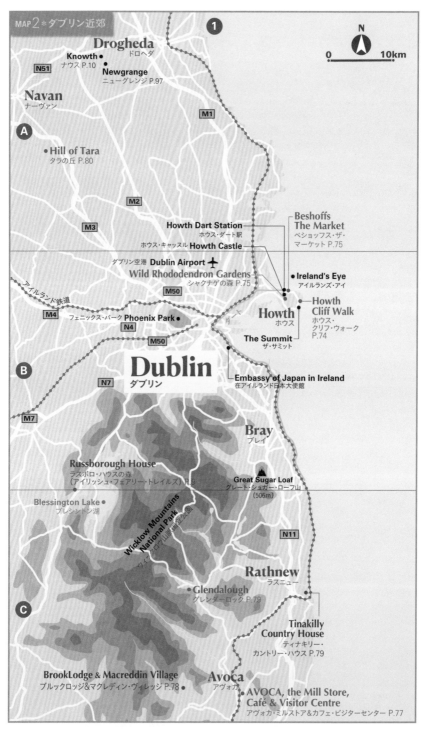

MAP 2 * ダブリン近郊

① N
0 ━━━━━━ 10km

**Drogheda**
ドロヘダ

Knowth ●
ナウス P.10
● **Newgrange**
ニューグレンジ P.97

N51

**Navan**
ナーヴァン

Ⓐ

● **Hill of Tara**
タラの丘 P.80

M1

M2

M3

**Howth Dart Station**
ホウス・ダート駅

ホウス・キャッスル **Howth Castle**

ダブリン空港 **Dublin Airport** ✈
**Wild Rhododendron Gardens**
シャクナゲの森 P.75

M50

アイルランド鉄道

M4
フェニックス・パーク **Phoenix Park** ●
N4

M50

**Beshoffs
The Market**
ベショッフス・ザ・
マーケット P.75

● **Ireland's Eye**
アイルランズ・アイ

**Howth
Cliff Walk**
ホウス・
クリフ・ウォーク
P.74

**Howth**
ホウス

**The Summit**
ザ・サミット

Ⓑ

# Dublin
ダブリン

N7

M7

**Embassy of Japan in Ireland**
在アイルランド日本大使館

**Bray**
ブレイ

**Russborough House**
ラスボロ・ハウスの森
（アイリッシュ・フェアリー・トレイルズ）P.8

**Great Sugar Loaf**
グレート・シュガー・ローフ山
（506m）

● **Blessington Lake**
ブレシントン湖

**Wicklow Mountains
National Park**
ウィックロウ山脈国立公園

N11

Ⓒ

● **Glendalough**
グレンダーロック P.79

**Rathnew**
ラスニュー

**Tinakilly
Country House**
ティナキリー・
カントリー・ハウス P.79

**BrookLodge & Macreddin Village**
ブルックロッジ&マクレディン・ヴィレッジ P.78 ●

**Avoca**
アヴォカ

**AVOCA, the Mill Store,
Café & Visitor Centre**
アヴォカ・ミルストア&カフェ・ビジターセンター P.77

◎本書紹介スポット：見る・体験する／食べる・飲む／買う／泊まる

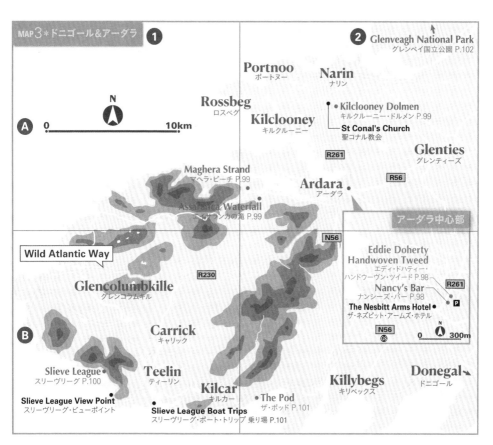

❷ Glenveagh National Park
グレンベイ国立公園 P.102

Portnoo
ポートヌー

Narin
ナリン

Rossbeg
ロスベグ

Kilclooney
キルクルーニー

Kilclooney Dolmen
キルクルーニー・ドルメン P.99

St Conal's Church
聖コナル教会

R261

Glenties
グレンティーズ

R56

Maghera Strand
マヘラ・ビーチ P.99

Ardara
アーダラ

Assaranca Waterfall
エサランカの滝 P.99

N56

Wild Atlantic Way

アーダラ中心部

Eddie Doherty
Handwoven Tweed
エディ・ドハティー・
ハンドウーヴン・ツイード P.98

Nancy's Bar
ナンシーズ・バー P.98

R261

P

Glencolumbkille
グレンコラムキル

R230

The Nesbitt Arms Hotel
ザ・ネズビット・アームズ・ホテル

Carrick
キャリック

N56

0 300m

Slieve League
スリーヴリーグ P.100

Teelin
ティーリン

Killybegs
キリベックス

Donegal
ドニゴール

Slieve League View Point
スリーヴリーグ・ビューポイント

Kilcar
キルカー

The Pod
ザ・ポッド P.101

Slieve League Boat Trips
スリーヴリーグ・ボート・トリップ 乗り場 P.101

N
0 10km

A

B

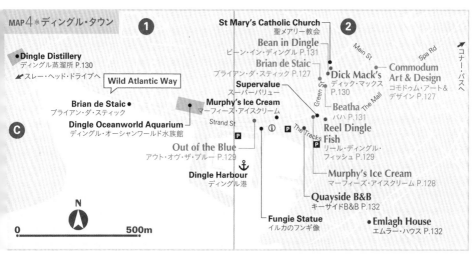

❷

St Mary's Catholic Church
聖メアリー教会

Bean in Dingle
ビーン・イン・ディングル P.131

Main St

Spa Rd

コナー・パスへ

Dingle Distillery
ディングル蒸溜所 P.130

スレー・ヘッド・ドライブへ

Brian de Staic
ブライアン・ダ・スティック P.127

Dick Mack's
ディック・マックス P.130

Commodum
Art & Design
コモドゥム・アート＆
デザイン P.127

Wild Atlantic Way

Supervalue
スーパーバリュー

Green St

The Mall

Brian de Staic
ブライアン・ダ・スティック

Murphy's Ice Cream
マーフィーズ・アイスクリーム

Beatha
バハ P.131

Dingle Oceanworld Aquarium
ディングル・オーシャンワールド水族館

Strand St

The Tracks

Reel Dingle
Fish
リール・ディングル・
フィッシュ P.129

Out of the Blue
アウト・オヴ・ザ・ブルー P.129

Dingle Harbour
ディングル港

Murphy's Ice Cream
マーフィーズ・アイスクリーム P.128

Quayside B&B
キーサイドB&B P.132

Fungie Statue
イルカのフンギ像

Emlagh House
エムラー・ハウス P.132

N
0 500m

C

ディングル半島はP.134参照

◎本書紹介スポット：見る・体験する／食べる・飲む／買う／泊まる

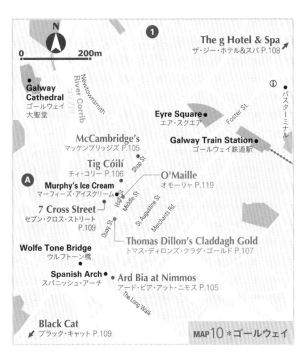

N

0　200m

Galway Cathedral
ゴールウェイ
大聖堂

Newtownsmith

River Corrib
コリブ川

The g Hotel & Spa
ザ・ジー・ホテル&スパ P.108

Eyre Square ●
エア・スクエア

Foster St.

Galway Train Station ●
ゴールウェイ鉄道駅

バスターミナル

McCambridge's
マッケンブリッジズ P.105

Tig Cóilí
チィ・コリー P.106

Shop St.

O'Maille
オモーリャ P.119

Murphy's Ice Cream
マーフィーズ・アイスクリーム

High St.

Middle St.

St Augustine St.

Merchants Rd.

7 Cross Street
セブン・クロス・ストリート
P.109

Quay St.

Thomas Dillon's Claddagh Gold
トマス・ディロンズ・クラダ・ゴールド P.107

Wolfe Tone Bridge
ウルフトーン橋

Spanish Arch ●
スパニッシュ・アーチ

Ard Bia at Nimmos
アード・ビア・アット・ニモス P.105

The Long Walk

Black Cat
ブラック・キャット P.109

MAP 10 ＊ゴールウェイ

MAP 11 ＊ベルファスト

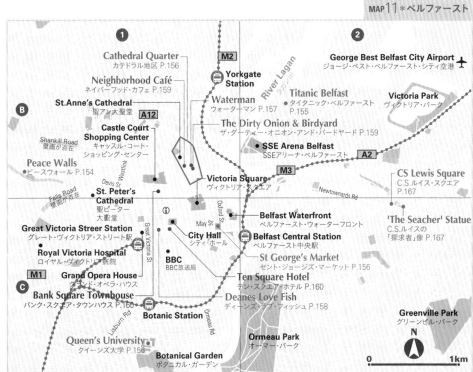

Cathedral Quarter
カテドラル地区 P.156

M2

Neighborhood Café
ネイバーフッド・カフェ P.159

Yorkgate Station

River Lagan
ラガン川

George Best Belfast City Airport
ジョージ・ベスト・ベルファスト・シティ空港

St.Anne's Cathedral
聖アン大聖堂

A12

Waterman
ウォーターマン P.157

Titanic Belfast
タイタニック・ベルファスト
P.155

Victoria Park
ヴィクトリア・パーク

Castle Court Shopping Center
キャッスル・コート・
ショッピング・センター

Shankill Road
壁画が点在

The Dirty Onion & Birdyard
ザ・ダーティー・オニオン・アンド・バードヤード P.159

SSE Arena Belfast
SSEアリーナ・ベルファスト

A2

Peace Walls
ピースウォール P.154

Devis St.

Westlink

St. Peter's Cathedral
聖ピーター
大聖堂

Victoria Square
ヴィクトリア・スクエア

M3

Newtownards Rd.

CS Lewis Square
C.S.ルイス・スクエア
P.167

Falls Road
壁画が点在

Great Victoria Streer Station
グレート・ヴィクトリア・ストリート駅

Great Victoria St.

Oxford St.

May St.

Belfast Waterfront
ベルファスト・ウォーターフロント

'The Seacher' Statue
C.S.ルイスの
「探求者」像 P.167

Royal Victoria Hospital
ロイヤル・ヴィクトリア病院

City Hall
シティ・ホール

Belfast Central Station
ベルファスト中央駅

M1

Grand Opera House
グランド・オペラ・ハウス

BBC
BBC放送局

St George's Market
セント・ジョージズ・マーケット P.156

Bank Square Townhouse
バンク・スクエア・タウンハウス P.160

Lisburn Rd.

Botanic Station
ボタニック駅

Ten Square Hotel
テン・スクエア・ホテル P.160

Deanes Love Fish
ディーンズ・ラブ・フィッシュ P.158

Greenville Park
グリーンビル・パーク

N

Queen's University
クイーンズ大学 P.156

Botanical Garden
ボタニカル・ガーデン

Ormeau Rd.

Ormeau Park
オーマー・パーク

0　1km

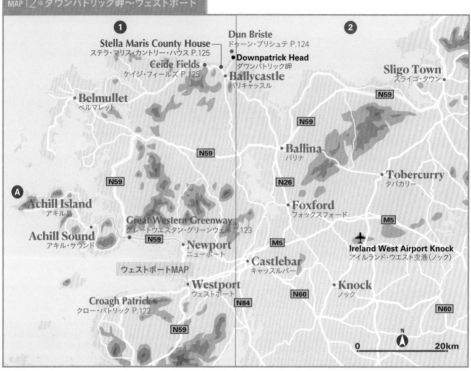

**①**

Stella Maris County House —
ステラ・マリス・カントリー・ハウス P.125

Ceide Fields ●
ケイジ・フィールズ P.125

Dun Briste
ドゥーン・ブリシュテ P.124

● Downpatrick Head
ダウンパトリック岬

● Ballycastle
バリキャッスル

**②**

Sligo Town ●
スライゴ・タウン

● Belmullet
ベルマレット

N59

N59

● Ballina
バリナ

● Tobercurry
タバカリー

**Ⓐ**

Achill Island
アキル島

N59

Great Western Greenway
グレートウエスタン・グリーンウェイ P.123

N59

● Newport
ニューポート

Achill Sound
アキル・サウンド

ウェストポートMAP

● Foxford
フォックスフォード

N26

M5

● Castlebar
キャッスルバー

M5

✈
Ireland West Airport Knock
アイルランド・ウエスト空港(ノック)

● Westport
ウェストポート

N84

N60

● Knock
ノック

N60

Croagh Patrick ●
クロー・パトリック P.122

N59

N
**⬆**
0 ————————— 20km

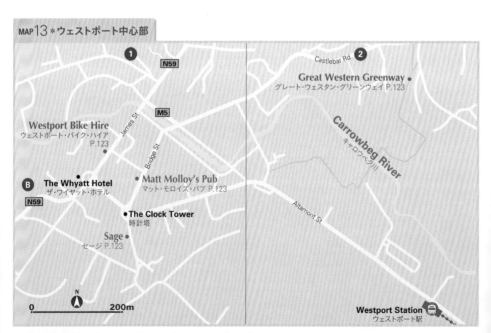

**①**

N59

Castlebar Rd

**②**

Great Western Greenway ●
グレート・ウェスタン・グリーンウェイ P.123

Westport Bike Hire
ウェストポート・バイク・ハイア
P.123

James St

M5

Bridge St

Carrowbeg River
キャロウベグ川

**Ⓑ** ● The Whyatt Hotel
ザ・ワイヤット・ホテル

N59

● Matt Molloy's Pub
マット・モロイズ・パブ P.123

Altamont St

● The Clock Tower
時計塔

Sage ●
セージ P.123

N
**⬆**
0 ————— 200m

🚌
Westport Station
ウェストポート駅

# Dublin
文化とグルメの街 ダブリン

音楽が盛んなダブリンの街はバスキング（路上演奏）天国。グラフトン・ストリートやテンプル・バーで見られる。

# Dublin 【ダブリン】

## 古くて新しいエネルギッシュな街

1000年の歴史と最新のトレンドが程よく交じり合う首都ダブリンは、文化や芸術、グルメ、ファッションにとてもオープンな街です。伝統もアバンギャルドもすべて受け入れてしまう懐の深さと、フレンドリーな人々が魅力。シティ・センターはコンパクトで、徒歩圏内に見どころが集中しています。歴史を感じさせる低く落ち着いた街並みに、観光名所やショップ、レストランがぎっしり。人々の笑顔と、日々変わりゆく街を支えるエネルギッシュなムードが迎えてくれます。

かつての通行料ハーフペニー硬貨のダブリンなまりが呼び名となった「ヘイペニー橋」。

◎ダブリンはアイルランド語で「黒い水たまり（Dubh Linn）」の意味

自由に出入りできるトリニティ・カレッジ構内で日の長い夏の夕方を楽しむ若者たち。

22

## Trinity College & Nassau St.
トリニティ・カレッジとナッソー・ストリート

　中心を流れるリフィー川により南北に分けられるダブリン。サウス・サイドにあるトリニティ・カレッジ（P.24）を起点に歩きはじめるとわかりやすいです。キャンパスに面したナッソー・ストリートと周辺には、アイルランドのクラフトやデザイナーズ・ブランドを中心に扱うショップが並びます。アイルランド国立美術館（P.28）や国立博物館もこの界隈。

国内最古の大学トリニティ・カレッジ。有名な「ケルズの書」(P.24)はここに。

## Grafton St. >>> South Great George's St.
グラフトン・ストリート～サウス・グレート・ジョージズ・ストリート

　にぎやかな街の様子を感じられるのがここ。歩行者天国グラフトン・ストリートの路上では大道芸人やストリート・ミュージシャンが思い思いのパフォーマンスで道行く人を楽しませてくれます。ここからサウス・グレート・ジョージズ・ストリートまでの路地には、おしゃれなショップ、レストランやカフェが集中しています。

この街では路上演奏しながら力をつけていく。未来の名ミュージシャンに会えるかも。

## Temple Bar
テンプルバー

　その昔、船乗りが集う酒場街だった名残りでパブが多く、観光客にはパブめぐりのメッカとして知られるエリア。70～80年代は若いアーティストたちのたまり場となり、現在は音楽、アート、文化などサブ・カルチャーの発信地。週末のマーケットや、オールド・シティのおしゃれなショップも人気（P.32）。古い石畳を歩けばミニ・シアターやライブハウス、アート・センターも。エリア全体が歩行者天国。

地名の由来となった17世紀の地主サー・ウィリアム・テンプル。バーは「川沿いの道」の意。

## Merrion Square / Fitzwilliam Square
メリオン・スクエア／フィッツウィリアム・スクエア

　18世紀の貴族の町屋敷。ダブリン名物のジョージアン・ドアが美しく並ぶ景観（P.29）が保存されています。メリオン・スクエアは市民の公園として開放されているので緑が恋しくなったらここへ。

英国とアイルランドのなかでこのタイプの町屋敷の保存状態がいちばんよい。

## 📍 ケルトの国の至宝をさぐる

# The Book of Kells in Trinity College

【トリニティ・カレッジの「ケルズの書」】

ダブリンに来たら、どんなに時間が限られていても訪れてほしいスポット。1592年創立の名門大学トリニティ・カレッジの歴史あるキャンパス内で、文化と芸術の国アイルランドの原点を垣間見ることができます。

オールド・ライブラリー内部の書庫「ロング・ルーム」。
©Kenneth Waters

### ケルト文様の起源でもある「ケルズの書」

展示室で見られる「ケルズの書」は、起源800年頃に修道士が作成した4つの福音書から成る彩色写本。縦33cm、横24cmの典礼用の飾り本で、全680ページに見事な色合いと高い芸術性が散りばめられた国宝級の書。ガラスケースごしに見る実物は1200年前のものとはにわかに信じがたい美しさです。目をまわしてしまいそうな曲線や擬人化された動物のモチーフ、随所にあらわれる複雑で洗練された組紐や三つ巴は、のちのジュエリー・デザインやレース編みのパターンに影響を与え、ケルト文様として今に伝えられています。

### バイキングの襲撃を逃れて……

もともとスコットランド沖合のアイオナ島で作成されていた「ケルズの書」。バイキングの全盛期でアイオナの修道院も襲撃され、生き残った修道士たちが未完の書をたずさえてアイルランド島に逃げてきました。ダブリン北西のケルズにて完成したのでその名で呼ばれることに。

印刷技術がない時代、本づくりはすべて手作業でした。紙は仔牛の皮をなめしてつくられるベラム紙、ペンは鳥の羽の先をとがらせたもの。絵の具は鉱石の粉や植物に樹液や卵白をまぜたもので、赤やオレンジ色は酸化鉛、青はウォード（タデ藍に似た植物）、黄色は雄黄、黒は没食子（ブナの木に昆虫が卵を産みつけることでできるコブ）が使われたことがわかっています。

### ヨーロッパいち長い図書室

「ケルズの書」は300年の歴史あるオールド・ライブラリー所蔵。ロング・ルームと呼ばれる長さ65mの図書室に15～19世紀の書20万冊がずらり。世界に名だたる偉人たちの44体の大理石の胸像があり、この大学の卒業生ジョナサン・スウィフト（P.27）や、文豪イェイツ（P.86）らとともに国立劇場を立ち上げたレディ・グレゴリーも含まれます。

### アイルランド最古のハープ

ロング・ルーム中央に展示されている古いハープは500～600年前に使用された現存する最古のアイリッシュ・ハープ。アイルランド国章のモデル。一般のものより小型ですが、このベビー・ハープと呼ばれるサイズこそが、かつて吟遊詩人が王宮まわりをする際に持ち運んだアイルランド古来の形なのです。

バイキングに勝利したアイルランド王ブライアンボルーが弾いたものとの伝説も。

ケルト文様のおみやげ探し！
Tシャツ€27.95、スカーフ€30

Trinity College Dublin, The University of Dublin, College Green, Dublin, D02 PN40
https://www.visittrinity.ie
🕐4～9月8:30～18:30・日曜9:30～17:00、10～3月9:30～17:00・日曜12:00～16:30、一部祝祭日休
💶大人€18.5、学生・シニア€15、13～17歳€14、6～12歳€10
◎オンラインで入場日時の予約要。夏場は混むので早めの予約がおすすめ
◎ガイドつきキャンパス・ツアーとのコンビ・チケットあり。大人€29、所要75分
MAP📍P.15[B-3]

オールド・ライブラリーは2023年12月（予定）より、改修工事のため約3年間閉館予定。これまでライブラリー1階にあった「ケルズの書」は、キャンパス内ビジターセンターの展示室で引き続き見ることができます。

# |||||||||||| 「キー・ロー」のページに隠されたケルト ||||||||||

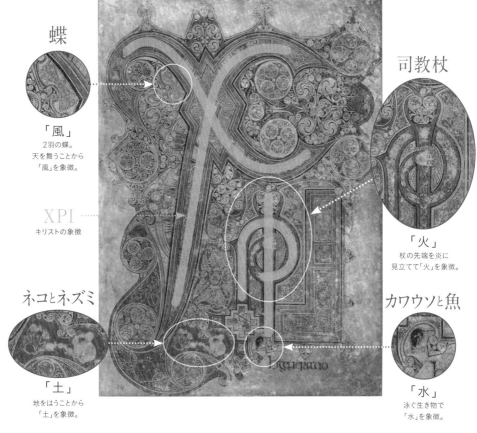

### 蝶

「風」
2羽の蝶。
天を舞うことから
「風」を象徴。

### 司教杖

「火」
杖の先端を炎に
見立てて「火」を象徴。

XPI ........
キリストの象徴

### ネコとネズミ

「土」
地をはうことから
「土」を象徴。

### カワウソと魚

「水」
泳ぐ生き物で
「水」を象徴。

「ケルズの書」でもっとも知られた1ページ。「キー・ロー」とは、ギリシャ語でキリストを意味する「Χριστος」(クリストス) の最初の2文字。「I」まで含めた「XPI」を飾り文字にしてキリストを象徴しています。

　美しい装飾のなかに興味深いメッセージが。蝶は復活・再生を、ネコに追われたネズミはミサで使用するパンを盗んでいるので俗悪を、「PI」の文字部分は司教が祭式のときに持つ司教杖を、カワウソがくわえる魚はイエスを表しますが、キリスト教的モチーフの裏で宇宙の4台元素「風土火水（ふうどかすい）」が示されています。古代ケルト（P.12）の自然崇拝の思想・信仰が、のちに伝来したキリスト教と融合して息づいていたことがうかがい知れます。

上から／1712年より10余年かけて建築されたオールド・ライブラリー。洪水対策のため書庫は2階に。／「ケルズの書」の公開ページは8週間毎に変わる。

# <ruby>文学<rt>ダブリン</rt></ruby>街歩き

小さな国ながら傑出した文学者を数多く
輩出してきたアイルランド。時代を超え
て愛される型破りでユニークなダブリン
ゆかりの作家たちに触れながら、文学の
香りただよう街を歩いてみましょう。

*Love loves to love love*

愛は愛を愛することを愛する

## James Joyce
ジェームズ・ジョイス
(1882-1941)

ダブリン生まれの小説家。代表
作の小説『ユリシーズ』は1904
年6月16日のダブリンが舞台。
詳細な街の描写は「100年前の
ダブリン・マップ」と言われるほど
で、登場する場所にはめ込まれた
レリーフを探しながらの街歩きも
楽しい。毎年6月16日は主人公
の名にちなみ「ブルームの日」。
ジョイス時代の衣装をまとった人々
が街にあふれ、ダブリンが100年
前にタイム・スリップします!

ジョイスが足しげく通っ
たデイビー・バーンズ・パ
ブ(Davy Byrne's Pub)。
『ユリシーズ』の主人公
ブルームもやって来た!／
21 Duke Street, Dublin,
D02 K380／MAP♥P.15
[B-3]

分厚い眼鏡と帽子がトレード
マーク。ジョイスが通ったベル
ヴェデア・カレッジはこの界隈。
／Earl Street North, Dublin 1
／MAP♥P.15[A-3]

『ユリシーズ』のレリーフ。
オコンネル橋、国立博物
館前など。場所と関連する
小説のシーンの1節が書
かれている。

オスカー・ワイルド・ハウス(Oscar Wilde
House)は銅像真向かいにある子ども時代を
過ごした家。窓のひとつは『幸福な王子』の
ステンドグラス。5～9月11:00～18:00見学
可。€12。ガイド付ツアー土曜18:30～、€18、
要予約。／1 Merrion Square, Dublin, D02
NH98／MAP♥P.15[B-4]

## Oscar Wilde
オスカー・ワイルド(1854-1900)

ダブリン生まれの小説家、劇作家。トリニティ・カレッ
ジ出身、秀才で美男子。芸術至上主義をモットーとし
た彼のウィットに富んだ語録は、時代を超えて愛され
ています。晩年は男色の罪でやり玉にあげられ投獄さ
れるなど波乱に富む短い人生でしたが、『ドリアン・グレ
イの肖像』など数多くの戯曲を著し、『幸福な王子』『ナ
イチンゲールとばら』など子ども向けの物語も執筆。

ワイルド像。ワイルドが生まれ育
ったのはこの界隈。／Merrion
Square, Dublin 2(公園内の北
西角)／MAP♥P.15[B-4]

*To love oneself is the beginning
of a lifelong romance*

自分を愛することは生涯続くロマンスのはじまりだ

## Jonathan Swift
ジョナサン・スウィフト（1667-1745）

『ガリバー旅行記』の作者。聖パトリック大聖堂の司祭長も務める聖職者でした。皮肉屋で毒舌家でしたが、慈善事業に尽力した街の功労者でもありました。

聖パトリック大聖堂。13世紀建立。聖堂内部に墓所あり。78歳で亡くなるまでの32年間勤務、その間に『ガリバー旅行記』を執筆。／St Patrick's Close, Dublin, D08 H6X3／MAP📍P.14[C-2]

*Vision is the art of seeing what is invisible to others*

洞察力とは他者に見えないものを見る術である

---

## Lafcadio Hearn
ラフカディオ・ハーン（小泉八雲）（1850-1904）

©Koizumi Family Collection

作家、英文学者、民俗学者。アイルランド人の父とギリシャ人の母のもとに生まれ、ダブリンで育つ。40歳の時に来日、日本に帰化し幽霊話を集めた『怪談』を発表。暮らした家が今もダブリン市内に残る。

ハーンが大叔母ブレナン婦人に養育されたザ・タウンハウス。／46/48 Lower Gardiner Street Lower, Dublin, D01 NV24／MAP📍P.15[A-3]

あなたの話、あなたの言葉、あなたの考えでなければ、いけません

---

*You use a glass mirror to see your face; you use works of art to see your soul*

鏡は顔を映す、芸術作品は魂を映す

## George Bernard Shaw
ジョージ・バーナード・ショー（1856-1950）

ダブリン生まれの劇作家、評論家、社会主義運動家。オードリー・ヘップバーン主演で有名な映画『マイ・フェア・レディ』の原作『ピグマリオン』の作者。菜食主義者で94歳まで生きました。80代のとき「ビーフステーキをひと口食べれば死ねるのに」と元気いっぱいに皮肉を言ったそう。1925年ノーベル文学賞受賞。

少年時代、名画に囲まれて多くの時を過ごしたアイルランド国立美術館(P.28)内に銅像あり。

---

📍
## MoLI -
### Museum of Literature Ireland
【アイルランド文学博物館】

ダブリン大学創立当時の校舎だった18世紀ジョージ王朝スタイルの屋敷が、2019年より博物館に。卒業生のジョイス作『ユリシーズ』の直筆原稿や初版本の展示のほか、20世紀に活躍したアイルランド人作家の功績を紹介。文学にちなむグッズやクラフトが探せるショップ、大学のダイニングを改装したカフェ「コモンズ」あり。

UCD Naughton Joyce Centre, 86 St Stephen's Green, Dublin, D02 XY43
https://moli.ie
🕙10:30～18:00(最終入場17:00)、祝祭日以外の月曜・一部祝祭日休／💶大人€13.5、子ども・学生・65歳以上€11(第1金曜無料)、3歳以下無料、ファミリー料金あり／MAP📍P.15[C-3]

こんなに近くでフェルメールが見られる！絵によっては写真撮影もOK。

📍 名画に囲まれてひと休み
# National Gallery of Ireland
【アイルランド国立美術館】

　美術館であると同時に、市民の憩いの場としても人気のスポット。絵画鑑賞に立ち寄り、お茶も楽しめる気軽さが魅力です。

　世界的な名画がカジュアルな雰囲気のギャラリーにさりげなく展示されているのもアイルランドならでは。フェルメールの「手紙を書く婦人と召使」、90年代にダブリン市内で偶然発見されたカラヴァッジョの幻の名画「キリストの捕縛」なども。毎年1月にはギャラリーが所蔵する英国人画家ターナーの水彩画31点が公開されます。

　アイルランドの素敵なクラフトや、国内のアーティストがデザインするオリジナル・ジュエリーなど、センスの良さが光るギフトショップ目当てで来る人も。

Merrion Square West, Dublin, D02 K303
📞 (01) 6615133
http://www.nationalgallery.ie
🕐 9:15 (日月曜11:00) ～17:30 (木曜20:30・一部祝祭日前日17:30) / 12/24～26休
💶 無料 (寄付のみ) ／MAP 📍P.15[B-4]
◎ハリー・クラーク (P.115) のステンドグラス「悲しみの聖母」、詩人イェイツ (P.86) の弟ジャック B. イェイツの絵画も必見！

上から／1864年、鉄道王ウィリアム・ダーガンによりオープンした威厳ある本館ギャラリー。／スコーンにはバターとジャムをたっぷりつけていただくのがアイルランド流€2.75。

アンデルセン童話の挿絵画家でもあったハリー・クラークの物語絵のポストカードセット€7.95。

市民の憩いの場ザ・ギャラリー・カフェは明るくスタイリッシュなムード。

# ジョージアン・ドアの街を散策

　ダブリン市街地の一角に、色とりどりのドアがずらり並ぶ美しいエリアがあります。18世紀のダブリン繁栄期にこぞって建てられた貴族の町屋敷。当時の英王朝名をとってジョージアン・ドア（Georgian Doors）と呼ばれています。色はもちろん細かいディテールにもそれぞれ違いがあり、一軒一軒見ているだけでも楽しめます。かつて貴族が馬車に乗って行き交ったエレガントな街並みをそぞろ歩きながら、お気に入りのドアを探してみては？

英国女王が崩御した際、ドアを黒くぬるようお達しが出されたのに反発して色とりどりにしたのだとか!?

よく見るとドアノブのデザインも個性豊か。

ジョージアンスポット おすすめエリア

○ **Merrion Square, Dublin 2.** ／MAP♥P.15[B・C-4]
○ **Fitwilliam Square & Upper Fitzwilliam St., Dublin 2.** ／MAP♥P.15[C-4]
○ **Harcourt St., Dublin 2.** ／MAP♥P.15[C-3]

扉を開ける前にブーツの泥をここで落として。靴底をあてるのがもったいないくらい素敵。

たくさんの煙突はその家の暖炉の数。多ければ多いほどお金持ちの証拠。

左・美しい祭壇に祀られた等身大の「ダブリンの聖母子」像は16世紀頃の貴重な木像。／上・聖バレンタインの聖血はこの像下に安置。2月14日は主祭壇前へ出され人の列ができる。

## 📍聖バレンタインに恋愛祈願！
# Whitefriar Street Church
【ホワイトフライア・ストリート教会】

昔風に「フェアリーケーキ（妖精のケーキ）」と呼ばれるふわふわのカップケーキ。

生まれ月にちなむ石を施したエンジェルのピンバッジ。3色ラッキー／₋₋. Angel Drops.

大事にしまっておきたい繊細な箱入りのコミュニオン／祭壇や十字架など€10。

　3世紀、ローマの司祭だったバレンタインは結婚を禁じた暴君に逆らい、愛し合う男女を守ったことが理由で殉教しました。その後、聖血がこの教会にもたらされ、右側廊の祭壇に祀られています。ここにキャンドルを立てて恋愛祈願すると効果てきめん。聖バレンタインのご加護が愛に悩める男女に降り注ぐと言われています！

「ダブリンの聖母子」像や、ステンドグラスもお見逃しなく。教会カフェは心安らかにお茶を楽しめる穴場スポット。おしゃれなカフェがなかった昔のダブリンに思いを馳せ、ついノスタルジーにひたってしまいます。ショップにはご利益ありそうな聖人ブロマイド、素敵なロザリオやエンジェル・グッズがあるのでお気に入りを探してみてください。

56·Aungier Street, Dublin, D02 YF57／☎(01)4758821／http://www.whitefriarstreetchurch.ie
【ショップ】🕐8:30〜16:00、日曜10:00〜14:00、一部祝祭日休
【カフェ】🕐10:00〜16:00、土日祝祭日休
◎祈りを捧げている人がいたらカメラを向けるのは遠慮しましょう
MAP📍P.15[C-3]

# 緑の島の
## ユニークな聖人たち

聖人とは宗教上すぐれた行いをし、後世に長く尊敬される人。その昔「聖人と学者の島」と呼ばれ、ヨーロッパにおけるキリスト教と学問の中心として栄えたアイルランドには80人以上聖人が名を連ねます。聖人崇敬は日々の暮らしに溶け込んでおり、同じ名を持つ人も多く、フラッグキャリアのエアリンガスの機体にもそれぞれ違う聖人名がつけられているほど。

ここでは、聖パトリック、聖コラムキル、聖ブリジッドのアイルランド3守護聖人に人気の聖ケヴィンを加えて、伝説や昔話のように語りつがれるその生涯と偉業をご紹介しましょう。

## St. Patrick
### 聖パトリック(387?-461)

アイルランドの主要守護聖人。ブリテン島出身、少年時代に海賊にさらわれこの島で奴隷労働させられた悲しい身の上の持ち主。シャムロック(P.35)を用いて三位一体を説き、全土にキリスト教を普及させた功労者。彼が島中のヘビを退治してくれておかげで、今もアイルランドにはヘビが1匹もいません! 命日とされる3月17日のセント・パトリックス・デーはアイルランドの国民の休日。

## St. Brigid
### 聖ブリジッド(453-523)

女性解放のシンボルとして近年人気上昇中。「布で覆えるだけの土地をください」と王に懇願、いざ布を広げたらどんどん広がり、広大な土地を手に入れてアイルランド初の女子修道院設立にこぎつけたあっぱれな聖女。うるう年の2月29日は女性から男性にプロポーズしてよい日。なぜなら聖ブリジッドが聖パトリックに求婚した日だから! 2023年より2月の第1月曜日は聖ブリジッドにちなむ国民の祝日となりました。

## St. Kevin
### 聖ケヴィン(498-618)

120歳まで長生きしたと伝えられる聖人。神の道を志し、洞窟に身を隠し修行を続けていたところ、絶世の美男子だった彼を探し当てた求婚者のひとりがやって来て唇を奪われそうになります。必死で逃げてたどり着いた谷間で悟りを開き、そこが聖地グレンダーロック(P.79)となりました。

## St. Colmcille
### 聖コラムキル(521-597)

北西部ドネゴール出身。小舟でスコットランド沖合のアイオナ島に到達し、そこを拠点に布教。のちにアイオナ島で作成された「ケルズの書」(P.24)は、バイキングの襲撃をまぬがれた修道士たちがコラムキルの生誕地を目指し逃げてきた縁でアイルランドにもたらされました。

「セントブリジットクロス」は2月1日の聖ブリジットの日に春を祝いイグサで編んだ家内安全のお守り。

ダブリンのソーホー！

# Temple Bar [テンプルバー]

　1980年代、老朽化した建物に若いアーティストたちが住みつき、ダブリンのサブ・カルチャー発信地としてエネルギッシュな発展を続けてきたエリア。カラフルな街並みと歴史を感じさせる石畳は、バス・ターミナル建設の開発計画が持ち上がった時に住民必死の反対運動で守り残されたもの。音楽演奏のあるパブやヴィンテージショップ、ミニ・シアター、ライブハウスなどの文化施設が集まり、通りの名がテンプルバーからエセックス・ストリート（Essex St.）に変わるオールド・シティ（Old City）にはおしゃれなショップ、カフェも多くあります。

旧ボタン工場を改装したライブハウスへ続く石畳の小道。

## 🛍☕ コーヒーとファッションを同時に楽しむ

# Tamp & Stitch 【タンプ・アンド・スティッチ】

　オールド・シティにある小さなカフェ兼セレクト・ショップ。国内外の独立系若手デザイナーによるシャツやワンピース、ジュエリー、小物は多くが一点もの。ちょっぴりファンキーでレトロなセレクトは、遊び心あふれる大人のカジュアルそのもの。コーヒーはダブリン市内で自家焙煎されるスリー・エフ・イー（3fe）のこだわりの一杯です。

素敵なものがあふれている店内。街歩きの途中にふらりとのぞいてみたい。

グリーンストライプのワンピース€83。

コーヒー€3〜のおともにケーキはいかが？ レモンスクエアやブラウニー、キャロットケーキなど3種の日替わりケーキ1個€3.2〜。

Unit 3 Scarlet Row, Essex St. West,
Temple Bar, Dublin, D08 NY77
📞(01)5154705
https://www.tampandstitch.com
🕙10:30（土曜11:00）〜17:00、
日曜・一部祝祭日休
MAP📍P.14[B-2]

## 🍴 土曜のランチはマーケットで決まり！
# Temple Bar Food Market
【テンプルバー・フード・マーケット】

テンプルバー恒例の食の市は土曜日のお楽しみ。目の前でグリルしてくれるブレックファースト、肉屋のハンバーガー、西海岸の新鮮な牡蠣、ホームメイドのスイーツなどがずらりと並ぶ屋台からおいしい香りがただよってきます。お腹を空かせて出かけると目移りして大変なことに！

おすすめは行列のできる人気のピギー・バップ (Piggy Bap)。丸焼きにしたホクホクのロースト・ポークを揚げ玉ネギや赤キャベツと一緒にパンに挟んだシンプルな一品はふと無性に食べたくなる味です。

上・できたてアイリッシュ・ブレックファーストは週末のブランチに人気。／左・グッドライフコー（Good Life Co.）のピギー・バップ€9〜は子豚の丸焼きを裂いたもの。

Meeting House Square, Temple Bar, Dublin, D02 X406
https://www.templebarmarkets.com/foodmarket
⊙土曜9:30〜16:00、一部祝祭日休◎店が出そろうのは11〜15時頃／MAP♥P.15[B-3]

左から／マーケットが開かれるミーティングハウス・スクエアは、イベントやライブ会場になることも。／ジャガイモの揚げ団子をはさんだインドのストリート・フード、ワダ・パーヴ(Vada Pav)€5はジャガイモ好きなアイルランド人にも人気。／種類豊富なアイルランド産チーズはおみやげにしたい一品（検疫免除は個人消費用で10kg以内）。／アイルランド伝統のポテト・ケーキ€3はテイクアウトできる家庭の味。

## 🛍 時には「本の虫」になるのもステキ
# The Gutter Bookshop
【ザ・ガター・ブックショップ】

大型チェーンとは一線を画すこだわりの書店。アイルランドの歴史本、美しい装丁のケルト神話集、店オリジナルのノートブックはおみやげにもおすすめ。独立系出版社の発行部数が少ない良書を多く取りそろえているほか、本や文学に関するイベントも主催。こういう書店が流行るダブリンはまだまだ捨てたものじゃない！と思わせてくれる1軒。

店名の「ガター(gutter＝ドブ)」はワイルド(P.26)の戯曲の名セリフに由来。

Cow's Lane, Temple Bar, Dublin, D08 DK27
📞(01)6799206／http://gutterbookshop.com
⊙10:00〜18:30、日曜祝祭日12:00〜18:00、一部祝祭日休／MAP♥P.14[B-2]

表紙の美しさがストーリーを物語るワイルド作のフェアリーテール。

# アイルランドの素敵なデザイン

花、動物、フルーツ。絵本に出てくるようなシンプルなモチーフこそ想像の翼を広げてくれます。日々の暮らしを楽しく彩るアイルランドで人気のデザインには、そんな共通点があるようです。

## おなじみモチーフがこんなにキュート

### Orla Kiely of Ireland
オーラ・カイリー

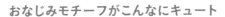

シックな装いに合いそうなピンクのチューリップ柄ショルダーバッグ€225。

雨の日が楽しみになりそうなレインウェア。アウトドア・ブランドとのコラボ。

　ロンドンを拠点に活躍するダブリン出身のファッション・デザイナー。花や草木、フルーツや動物など身近なモチーフも彼女の手にかかるとスタイリッシュに大変身。ポップでレトロな柄や色使いを取り入れたデザインが素敵です。ハンドバックや小物、キッチンウェア、文具にいたるまで暮らしにとけこんでいます。国外では高級品としてオリジナル・ショップで扱われることが多いですが、アイルランドではダブリンや主要都市のギフトショップでよく販売されていますので、ぜひお気に入りを探してみて。

コットンのエプロン€34はステム（植物の茎）柄のシックなデザイン。

上・使い勝手抜群の大き目ショルダー€219。／右・人気の葉っぱ柄トートバッグ€93〜。

定番の花柄のマグも花をクローズアップしたり散らしたり、バリエーション豊富。

アイルランドの田園を食卓に再現

# Nicholas Mosse
ニコラス・モス

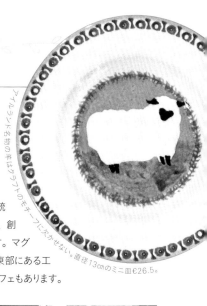

アイルランドを象徴する羊はクラフトのモチーフには欠かせない。直径13cmのミニ皿€26.5。

　ニックの愛称で知られるお茶目なモスさんのイメージがそのままデザインになったようなメルヘンな陶器のテーブルウェア。野の花や動物たちに囲まれた食卓はなんと楽しく心躍ることでしょう。18世紀にさかのぼるスポンジ・ワークの伝統技術で絵つけされるデザイン・パターンは60種以上に及び、創業40周年を迎えた今も新デザインが次々生み出されています。マグカップやプレートなど一つひとつそろえていくのも楽しい。南東部にある工房＆ショップには、素敵な食器でお茶とスイーツを楽しめるカフェもあります。

右・定番の「アップル」や「オールドローズ」。デザイン担当はアーティストであるニックの妻のスーザン。／下・アイルランドらしい、シャムロックとアスターのマグカップ。

ハンドクラフトのぬくもりを伝えるディスプレイも素敵。

## ニコラス・モス工房＆ショップ

Bennetsbridge, Co. Kilkenny, R95 CK71
📞(056) 7727505／https://nicholasmosse.com
🕐【ショップ】10:00～18:00、日曜13:30～17:00、一部祝祭日とその前後休
　【カフェ】11:00～17:00、日曜13:30～16:00、一部祝祭日とその前後休
MAP📍P.13

7歳で粘土をこねはじめたというニックは日本の陶芸にも造詣が深い。

### アイルランドのシンボル
## シャムロック

シャムロック印の尾翼をかかげて空を飛ぶ姿はアイルランド人の愛国心の象徴。

「若い（小さい）3つ葉」であればよいのでシャムロックとされる植物はいくつかある。

　アイルランドの国花、シャムロック（Shamrock）は、アイルランド語で「若い3つ葉」を意味します。その昔、聖パトリック（P.31）が3つの葉で三位一体を説き、キリスト教を布教したと伝えられる大切なモチーフ。アイルランドのフラッグキャリア、エアリンガスのマークとしても親しまれ、その愛らしい形からおみやげ品のデザインにも人気。

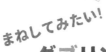

まねしてみたい！

# ダブリン流ファッション

ダブリンっ子は流行にまどわされない自分流のおしゃれが上手です。
飽きのこない伝統素材の定番ファッションはもちろん、
ビンテージ風や個性あふれるデザイナーズ・ブランドも大好き。
街のファッショニスタおすすめの、
見逃せない２つのショップをご紹介！

## 🛍 ユニーク・アイテムを探すならココ

## Om Diva
【オム・ディヴァ】

　マーケットの小さな店からはじまり20余年、移り変わりの激しいダブリンで変わらぬ人気を誇るコンテンポラリー＆ビンテージのセレクト・ショップ。新進デザイナーの注目アイテムや、遊び心にあふれたアクセサリーが楽しい1階をながめてから、地下のビンテージ・セクションへ。映画のヒロインが着ていたような、あこがれの50～60年代風ワンピース€55～がずらり。上階にはアイルランド人デザイナーのコレクションもあり、小さな店舗はまるでファッション・ショーを見るかのように楽しめます。

ビンテージ風のロマンチックなブラウス、オフホワイト€65。

間口は小さめながら中は細長い5階建て。1日中遊べるくらいの品ぞろえ。

27 Drury Street, Dublin 2Dublin, D02 TK75
📞(01)6791211
http://www.omdivaboutique.com
🕐10:00～18:30（木金土曜19:30）、
日曜12:00～18:00、一部祝祭日休
MAP📍P.15[B-3]

上・古着をリサイクルした手作りドレスや小物で評判のLiz Makes Nuのデニム・ワンピース€290。／下・可憐な野の花模様の布地をたっぷり使ったミニドレスは、価格未定の一点ものの新商品。

36

すべてクレオ・オリジナル商品。左から・100%アイリッシュツィードのロングコート。身頃の留め方が2ウェイ€380。／薄手なのに温かく着やすいポンチョ風ラップ€280。／着心地抜群、生成りの手編みニット€260。100%アイリッシュリネンのギンガムチェックのワンピース€180。／豊富なアラン模様が編みこまれたベテランニッター、ペギー・ブラウンさんによる手編みカーディガン€495。

## 🛍 伝統のファッションを今に伝える

# Cleo 【クレオ】

　1936年創業、ウール製品を主体とする老舗クラフト店。店内に一歩足を踏み入れるとそこはまるで宝石箱。極上のアランニット(P.118)、色鮮やかな手織りスカーフ、美しいデザインのクレオ・オリジナルのツイードコートなどアイルランド伝統の職人技が生み出す豊かなテキスタイルの世界に圧倒されます。

　ハンドメイドのジュエリーや小物も、3代にわたりアイリッシュ・クラフトをけん引し続けるオーナー一族の目に叶った確かなものばかり。ダブリンから遠く、工房へ足を運びにくいスタジオ・ドネゴール(Studio Donegal)のツイード・スローや、モーン・テキスタイルズ(Mourne Textiles)のシルク混紡スカーフもここで買えます。

18 Kildare Street, Dublin. D02 YW63
📞(01)6761421
https://www.cleo-ltd.com
🕘9:30(日曜11:00)〜17:30、一部祝祭日休
MAP📍P.15[C-3]

上・ところせましと並べられた商品。掘れば掘るほどお宝が。／左・色の美しさが目を引くモーン・テキスタイルズの手織りスカーフ。

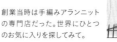

創業当時は手編みアランニットの専門店だった。世界にひとつのお気に入りを探してみて。

# すべてメイド・イン・アイルランド！

## おみやげハンティング①雑貨編

アイルランドらしいデザインや話題の
新進デザイナーのハンドクラフトなど、
この国ならではの素材や職人技が活かされた
こだわりの品々を集めてみました。

**1**
「スタジオ・ドネゴール（Studio Donegal）」の
ツイード帽

**2**
ツイードのリボン・タイ

「リズ・クリスティー（Liz Christy）」の
クリス・ベルト

**3**

**4**

**5**
「フィア（Fiadh）」の手織りスカーフ

「Handmade Soap Company」の
天然ハンドクリーム

**6**
ツイードの
ショルダーバッグ

**7**
ベリーク焼きのコーヒーマグと小皿

「ダナ（Dana）」のアクセサリー

**8**

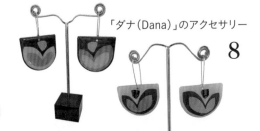

**9** ケルト柄のブレスレット

**10** 「フロック(Flock)」の
フェルト製パフィン

ヒツジの
コースター
**11**

**12**
「ジェニファー・スラッタリー
(Jennifer Slattery)」の
リネン・ナプキン

**13**
『Where's Larry?
(ラリーをさがせ!)』本

**14** ヒツジのマグネット

**1.**ツイード産地の老舗メーカーがつくるトラディショナルなギャッツビー・キャップ。ハンチングより丸みがあるので女性に人気。€90(Ⓐ)／**2.**男性用なのに女性に人気が出てしまったドニゴールの「オーウェル＆ブラウン(Orwell & Browne)」の商品。ベルトにつけるのもかわいい。€35～(Ⓓ)／**3.**かつてアラン諸島(P.110)の男たちが身につけた伝統のベルトを現代に再現。手染め毛糸はリズならではの美しい発色。古代ケルトの結婚の儀で新郎新婦の手を結び合わせたラッキー・チャーム。€74(ⒶⒼ)／**4.**ソープ・メーカーがつくる癒しのクリーム。うっとりする香りとさらっとした塗り心地。1個30mℓ€10(Ⓒ)／**5.**ディングル・タウンのショップ＆工房で手織りされる色とデザインが美しい上質メリノウールの商品。着けやすくおしゃれなトライアングル型(三角形)が人気。€73(Ⓔ)／**6.**熟練テーラーが手づくりする同じものが2つとないバッグ。色・柄の組み合わせ多数、サテンのカラフルな裏地がおしゃれ。クレオ・オリジナル商品。€70(Ⓐ)／**7.**1857年より続くアイルランド最古の陶磁器メーカーの定番シャムロック・シリーズ。アイリッシュ・コーヒー用にも使える背の高いマグがおしゃれ。コーヒーマグ€35、小皿€25(Ⓖ)／**8.**古いレコードをアップサイクルした、アイデアもデザインもファンキーな手づくりピアスとネックレス。身につけてみると驚くほどスタイリッシュ。€39～(Ⓐ)／**9.**北アイルランドの工房で手作りされる「リアクション(Reaction)」のモダンなケルティック・ジュエリー。シルバーと違って変色しにくいピューター(錫を主成分とした合金)製。€37(Ⓐ)／**10.**ダブリン市内に工房＆ショップのある人気の手作りフェルト・メーカーの動物コレクション。姿かたちが愛らしい野鳥パフィン(P.139)は、ほかでは買えないクレオ限定商品。€39(Ⓐ)／**11.**ユーモラスなヒツジたちがデザインされたトーマス・ジョセフ(Thomas Joseph)のコースター。添えられたジョークとアイルランドの田舎の風景に思わずにっこり。1枚€4(Ⓓ)／**12.**アイルランド伝統のダマスク織リンネン。新進デザイナーによる島内に数少ないリンネン・ブランド。刺繍入りのものや、テーブルクロスもあり。ダブリン市内にデザインスタジオ＆ショップあり。4枚入り€145(Ⓔ)／**13.**『ウォーリーをさがせ!』のアイルランド版。国内の名所旧跡を紹介する絵本としても楽しめる。€10(Ⓕ)／**14.**手染め毛糸の切れ端を再利用。配色は2つと同じものなし!「リズ・クリスティー(Liz Christy)」1個€9(Ⓐ)

※価格は店によって異なる

39

📍本場で楽しむおしゃれなウイスキー

# Teeling Whiskey Distillery
【ティーリング・ウイスキー蒸留所】

この形の窯で3度蒸留を繰り返す「シングル・ポットスティル」がアイルランドの主流。

上・ティーリングは1782年創業ブランドのリバイバル。蒸留所のみで購入できるディスティラリー・エクスクルーシブ€60（名前入り€65）。／下・「スモール・バッチ」にオレンジとレモンがきいた人気のカクテル、ブロッド・オレンジ・スマッシュ€12。

　空前のウイスキー・ブームに沸き立つ昨今のアイルランドで、2015年、ブームに先がけてダブリンに125年ぶりに新設されたスタイリッシュなウイスキー蒸留所。大麦と麦芽をミックスしたアイルランド伝統のブレンド・ウイスキー「スモール・バッチ」が看板ブランドですが、伝統の枠を越えて製造されるスコッチ風のシングル・モルト（麦芽のみ）、バーボン風のシングル・グレイン（大麦など穀物のみ）も人気。蒸留所見学の際に「ティーリング・トリニティ・テイスティング・ツアー」（€25）を選ぶと3種のウイスキーを飲み比べできます。軽食とスイーツを楽しめるフェニックス・カフェ、バーは蒸留所見学をしなくとも利用可。軽食やスイーツ、各種ウイスキーはもちろん、ティーリング・オリジナルのカクテルが楽しめます。

13-17 Newmarket, Dublin, D08 KD91
📞(01)5310888／https://teelingwhiskey.com
🕐11:00〜18:00（土曜19:00）、一部祝祭日休
💶蒸留所見学€18〜（テイスティングのタイプにより異なる。見学は20分おきのツアーのみ。要予約）
MAP📍P.14[C-2]

19世紀にはダブリンに37あった蒸留所も現在稼働しているのは街で数軒のみ。

## 再び活気づくウイスキーづくり

ウイスキーはアイルランドの修道院で発明された飲み物。6世紀頃、香水の蒸留窯でつくられたのがはじまりと言われます。19世紀には2000を超える蒸留所に数え切れないほどのブランドがありましたが、いちばんの輸出先アメリカの禁酒法の影響、国内経済の低迷により減少。ジェイムソン、ブッシュミルズなど有名ブランドが残るのみに。近年ティーリングのような少量生産の独立系蒸留所が稼働をはじめ、ウイスキー産業に新しい風が吹きはじめています。2010年には島内に4か所だった蒸留所の数も現在40以上に増え、アイリッシュ・ウイスキーの今後がますます期待できそう。

ウイスキーは使用済みの樽で熟成することで美しいハチミツ色になる。

ウイスキーの語源はアイルランド語で「命の水」を意味する「イシュケ・バハ (Uisce Beatha)」

## Uisce Beatha

### アイリッシュ・コーヒー

デザート感覚で楽しめるウイスキー入りの甘いコーヒー。1950年代、当時世界いちとされたブラジリアン（ブラジル産）・コーヒーに対抗して名づけられたアイルランド流の飲み方。グラスに浮かべられた生クリームは混ぜずに飲むのがツウ！
（カクテルに分類される）

アイリッシュ・コーヒー専用グラスも売っている。

ホテルのバーやパブで注文するとつくってくれるのでぜひ飲んでみて！

## Celtic Whiskey Shop & Wines on the Green
【ケルティック・ウイスキー・ショップ＆ワインズ・オン・ザ・グリーン】

おみやげにアイリッシュ・ウイスキーを買うならここへ。新旧のブランドがそろっているので好みや予算に合ったボトルを探せます。

アイリッシュ・ウイスキーは伝統的に「E」を入れて「Whiskey」と綴られる。

27-28 Dawson Street, Dublin, D02 A215／☎(01)6759744
http://www.celticwhiskeyshop.com
⊙10:30〜18:30、日祝日12:30〜18:00、一部祝祭日休／MAP♥P.15[C-3]

### まだまだある！見学＆試飲できる蒸留所

**ピアース・ライオンズ蒸留所**(Pearse Lyons Distillery)
18世紀の教会で作られるウイスキー。通常の見学＆試飲ツアーのほか、ジン教室、アフタヌーンティーつきツアーもあり。
♥121-122 James St, Dublin, D08 ET27

**ロウ・アンド・コー蒸留所**(Row & Co Distillery)
2019年にリバイバルした1757年創業のブランド。見学はカクテル教室など体験型のみ。おしゃれなバーが人気。
♥92 James St, Dublin, D08 YYW9

**ジェイムソン・ボウ・ストリート蒸留所**(Jameson Bow St. Distillery)
老舗ブランドの旧蒸留所。アイリッシュ・ウィスキーの特徴や歴史がわかる「ボウ・ストリート・エクスペリエンス・ツアー」が人気。
♥Bow St, Smithfield, Dublin, D07 N9VH

# ダブリン市民の元気の源
## ギネス
GUINNESS

現在はステンレス製の樽も昔はオーク材。川沿いの醸造所から平底船に積み出荷された。

　ギネスは1759年、ダブリンの下町リバティ地区の醸造所で生まれた「スタウト」という種類の黒ビール。国が貧しかった時代は「1日1杯のギネスは身体を強くする」と信じられ、滋養のある健康ドリンクとしても親しまれてきました。19世紀にはダブリンの成人

グラスに描かれるハープ（竪琴）はギネス社のシンボル。アイルランド国章と左右逆向き。

1953年以来親しまれるジョン・ギルロイによるキャラクター「トゥーカン（オオハシ）」。

LOVELY DAY FOR A GUINNESS

男性の10人に1人が職を得ていたというギネス社は福利厚生の整った優良企業として知られ、未婚の女性たちが結婚相手にギネス・マン（ギネスの社員）を追いかけた時代もあったそう。

　創業者アーサー・ギネスは、イギリス支配のもと不利な税率を強いられていた醸造業者の権利を法的に奪回し、国内のビール産業を発展させた人物。その気概は後世に伝えられ、ギネス家は代々、歴史遺産の保存、慈善活動を行い街の発展に寄与してきました。今日ダブリン市内に立派な姿を残す聖パトリック大聖堂の修復も、市民公園として愛されるセント・スティーブンズ・グリーンを公共のものにしたのも、アーサーの子孫たちです。

　焙煎された麦芽が煮詰められる甘い香りが風に乗ってただようダブリンの街は、ギネスと共に歩みを進めてきました。ギネスのおいしさは鮮度が決め手。ぜひ本場で味わってみてください！

　★2020年に発売された新時代のギネス、ノンアルコールの「ギネス0.0」は、アルコール入りと変わらぬおいしさ！

## ギネスビールのこだわり

　黒い色と独特の香ばしい風味は、焙煎（ロースト）した麦芽を混ぜているから。通常のビールは二酸化炭素を多く含みますが、ギネスは素粒子がより細かい窒素を多く含むため、泡がクリーミーにできるのが特徴。アルコール度数は4%。パブでギネスを注文したら、注ぎ終わるまで2分間お待ちを。こだわりの注ぎ方が「パーフェクト・パイント」と呼ばれるおいしい1杯をつくりあげます。

## ギネスブックのはじまり

　ギネスブックは1950年代のギネス社社長サー・ヒュー・ビーバーの発案で生まれたもの。狩りに出かけヨーロッパムナグロという鳥を射止め損ねたことから、「世界いち速く飛ぶ鳥は何か」をめぐり仲間と盛り上がり、世界記録を集めた本をつくることに。ちなみに、1955年に出版されたギネスブック初版に掲載された最初の記録は、世界いち高い山エベレスト。現在は「ギネスワールドレコーズ」の名に改められ、世界100か国以上、20言語で売られています。

①ギネス専用グラス使用。汚れがないかチェック。②グラスを45度に傾けて一気に注ぎ、③ギネス社のシンボル、ハープのマークでいったん止める。④119.5秒間休ませ、クリーミーな泡が自然にできるのを待つ。⑤注ぎ足す。⑥パーフェクト・パイントのできあがり！

## 📍ギネスをもっと知りたい人はここへ
# Guinness Storehouse
【ギネス・ストアハウス】

　ギネスの原材料、製造工程、歴史を知ることのできる展示館。入場料に含まれるできたてのギネス1杯を、最上階のグラビティ・バーでダブリンの街を360度ながめながら飲むのが人気。パーフェクト・パイントを自分で注ぐ体験のできるギネス・アカデミー、自撮り写真が泡に型押しされた一杯がもらえるスタウティ（いずれも要予約）のほか、館内レストラン「1837 Bar & Brasserie」と「Brewers' Dining Hall」で味わえるビーフのギネス煮込みもおすすめ。ギネス・グッズが豊富にそろうショップでおみやげ探しもできます。

©Guinness Storehouse

St. James's Gate, Dublin, D08 VF8H
https://www.guinness-storehouse.com
🕙10:00（日曜9:30）～19:00（最終入場17:00）、
　土曜9:30～20:00（最終入場18:00）、一部祝祭日休
💶大人€26～、子ども（5～17歳）€10～、学生・シニア
　（65歳以上）€22～（見学内容により異なる）
🎫チケットはウェブで日時を指定して事前購入可
　（夏季は当日券が売り切れることも）
MAP📍P.14[B-1]

名物の「ビーフのギネス煮込み」€15～。この料理を専門に作るシェフがいるのだとか。

上から／旧発酵所を改装した展示館。20世紀初頭の鉄骨と煉瓦を多用したレトロな建物。／グラビティ・バーでは地上46mからダブリンの大パノラマが楽しめる。

夜9時（夏期10時）までは子どももウェルカム！サーフィン大会出場後の子どもたち。

# パブは社交と会話の場

　パブとはお酒を飲んで歌ったり踊ったり、余興を見せてくれる場所と思われがちですが、地元での在り方はちょっと違います。観光客メインの店や祭りや催しの日にはそんなこともありますが、人々がパブに出かける理由はシンプル。なじみの友達に会いたいから。仕事帰りや休日にリラックスしたいから。おいしいお酒をつまみに、メインはあくまで気のおけないおしゃべりと社交なのです。

　パブとはパブリック・ハウス（Public House＝公共の家）の略。人が集まり、お酒を酌み交わすなかで、自然発生的に生まれました。田舎のパブはしばしば日用雑貨店を兼ね、郵便がまとめて届けられた時代も。我が家のように安心してくつろげる第2のリビング・ルームとして暮らしの一部を担ってきました。

　にぎやかな夜のパブも楽しいですが、プライムタイムを外した昼下がりのパブへあえて出かけてみるのもいいものです。カフェ代わりにお茶に来る人や、田舎では子どもも出入りします。ゆったり座って会話を楽しめるのもこの時間。ちょっとシャイなアイルランド人はすぐには話しかけてこないかもしれませんが、1杯、2杯とグラスを空にしながら少しずつ距離を縮めていくのがアイルランド流。気がつけば常連さんに交じって楽しいアイリッシュ・パブ体験に酔いしれていることでしょう。

昼下がりでのパブで時間をかけて注がれたギネス。ハーガドン・ブロス（P.85）にて。

## 知っておきたいパブの常識

### 会計は注文時に

飲み物はバー・カウンターで注文し、支払いも同時にそこで。ドリンク・メニューは用意されていないので、ビールはサーバーを見て選ぶか、店の人におすすめを聞きましょう。

### 立ち飲み派が多い

椅子やテーブルもありますが、混み合っている時は立ち飲みが主流。その方が自由に動きまわれていろいろな人と話せるので、あえて座らない人も。

### 食事メニューも充実傾向

大半がドリンクのみですが、近年のグルメ・ブームに伴い、ガストロパブ（美食パブ）として営業する店も増加中。レストランの少ない田舎ではパブがその役割を兼ねることも。

### 村の情報はパブで

パブの店主は情報通。小さな村ではパブが観光案内所。地元ならではのおすすめスポットを教えてもらえるかも!？

### 営業時間は全国一律

パブの営業時間は法律で決められています。10:30〜23:30（金土曜24:30）、日曜は12:00〜23:00（一部店舗では毎日〜翌2：30）。一部の祝祭日（12/25は必ず）は休み（または変則営業）です。田舎のパブは開店時間が遅い場合あり。2022年の法改正により、毎日〜24:30となる予定（施行時期は未定）。

おみやげにもおすすめ

# 人気のクラフトビール＆サイダー

ビールはギネス、サイダーはブルマーズ一辺倒だったアイルランドですが、
近年少量生産のこだわりのメーカーが増加中。
パブごとに置いてあるものが違うので、一期一会の味との出会いも楽しみです。
ここではダブリン市内のスーパーやオフライセンス（酒屋）で
購入できるおすすめの銘柄をご紹介！

# Beer【ビール】

## HOP - ON SESSION IPA
ホップオン・セッション・アイ・ピー・エー

**ホープ・ビア（ダブリン）／ABV：4.3%**

ジューシーなトロピカル・フルーツのような風味で飲みやすい、アルコール度数低めのペールエール。ビールの苦味が苦手という人におすすめ。ブルワリーの脇を走る郊外列車ダートのラベルがダブリンみやげにも最適。チーズやスパイスバッグ（※）によく合います。

※フライドポテト、チキン、ピーマンなどをチリやスパイスで混ぜ合わせたアイルランドのファーストフード。フィッシュアンドチップス店や中華のテイクアウト店の人気メニュー。

## FULL IRISH SINGLE MALT IPA
フル・アイリッシュ・シングルモルト・アイ・ピー・エー

**エイト・デグリーズ・ブリューイング（コーク県）／ABV：6%**

ホップの自然な苦みが好きな人向け。国内きっての大麦産地でつくられる地ビールらしいフルーティーな味わいのペールエール。2014年のビール祭出店用につくったところ好評を得て定番のロングセラーに。2020年世界ビール・カップ銅賞をはじめ、数々の賞を受賞。

## BLACK BUCKET - BLACK RYE IPA
ブラック・バケット　ブラック・ライ・アイ・ピー・エー

**キネガー・ブリューイング（ドネゴール県）／ABV：6.5%**

黒くヘビーな見た目のとおり、フルボディのこってりした飲み口。焙煎モルトのスモーキーな風味とホップのさわやかさが絶妙。あと味に大麦のピリリとしたテイストが残るのもツウ好みです。2022年世界ビール・カップでアイルランド初の金賞受賞。

## CRAFTERS - LABOUR OF LOVE EXTRA PALE
クラフターズ　レイバー・オヴ・ラブ・エクストラ・ペール

**ライ・リバー・ブリューイング（キルデア県）／ABV：4.5%**

キレのあるさわやかな喉ごしと、ホップの苦味が効いたピルスナー・タイプ。ギンギンに冷やしてごくごく飲みたいときにおすすめ。ラベルに描かれた涼しい顔をした職人さんのイラストと「All in a day's work（これも仕事のうち）」の文字に思わずくすっと笑ってしまいます。

## DEVIL'S HELLES LAGAR
デビルズ・ヘレス・ラガー

**キラーニー・ブリューイング（ケリー県）／ABV：4.5%**

麦芽のうまみとハニーのような甘みが特徴の、ドイツ発祥のヘレス風ラガービール。ラベルのイラストとネーミングの「デビル（悪魔）」は、使用される天然水の水源となる湖「デビルズ・パンチ・ボウル」が神と悪魔との戦いでできたという地元の伝説に由来。

アイルランドは一人当たりの
**サイダー消費量世界一！**（2021年）

# Cider【サイダー】

## LONGWAYS
ロングウェイズ

**ロングウェイズ・サイダー／ABV：4.5%**

サイダーづくりのメッカ、ティペラリー県のリンゴ生産者がつくる、しぼりたてのリンゴジュースを飲むようなフレッシュな味。食事と一緒に飲むのもおすすめ。グルテンフリー。

## STONEWELL MEDIUM DRY
ストーンウェル・ミディアム・ドライ

**ストーンウェル・サイダー（コーク県）／ABV：5.5%**

フレッシュな甘さとほろ苦さのバランスが絶妙な、これぞアイリッシュ・サイダーの王道！2010年の創業以来急速にシェアを伸ばし、国内最大の手作り飲料メーカーとなったファミリー企業の看板商品。より辛口の「ドライ」やノンアルコールもあり。

## WHISKEY CASK CIDER
ウィスキー・キャスク・サイダー

**ダン・ケリーズ・サイダー（ラウス県）／ABV：5.8%**

バーボン・ウィスキーの熟成に使用されたオーク樽で発酵＆熟成、ウッディな風味がユニーク。リンゴ生産者が手摘みし、無添加、野生酵母で生産。甘さ控えめで飲みやすい。ラベルの列車のイラストは、鉄道運転手だった曽祖父ダン・ケリーに敬意を表して。

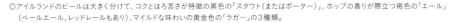

◎アイルランドのビールは大きく分けて、コクとほろ苦さが特徴の黒色の「スタウト（またはポーター）」、ホップの香りが際立つ褐色の「エール」（ペールエール、レッドレールもあり）、マイルドな味わいの黄金色の「ラガー」の3種類。

広がる牧草地で家畜が草を食む様子はアイルランドでよく見られる景色。

# アイルランドのおいしい食材

アイルランドは牧畜と酪農が盛んで、耕地面積の8割が牧草地。暖流のおかげで牧草が冬枯れすることもなく、家畜はほぼ通年屋外の自然な環境で育ちます。3,000kmを超える海岸線を有する島国なので海産物も豊富。近年流通が発達したおかげで新鮮なシーフードが全土に運ばれるようになりました。

# Beef
【ビーフ】

　天然の生草を食べて健康的に育つグラスフェッド[※]のアイリッシュ・ビーフは、脂肪分が少ない赤身肉。アメリカ産のコーンフェッド牛や日本の霜降り肉に比べ、焼いた方が旨みが際立ちます。ステーキの焼き方は、ミディアムレア～ミディアムがおすすめ。アイルランド人は焼きすぎる傾向にあるので、レア～ミディアムレアで注文するのが無難。

　ごちそう感のあるビーフ料理はアイルランド人の好物で、1人当たりの年間消費量は世界平均の約3倍。ステーキは8オンス（226g）または10オンス（283g）で出されることが多いですが、霜降り肉とは異なるさっぱりしたおいしさなので、思いのほか食が進みます。

※自然の牧草のみで飼育されること。これに対しコーンフェッドはトウモロコシを飼料とする。

ヒレ肉中央の脂肪がほとんどない最高級の赤身肉シャトーブリアンのステーキ。

単色黒色のブラックアンガス牛はステーキ肉に最適。一部の和牛の祖先でもある。

©Trocadero Restaurant

# Lamb 【ラム】

中央をレアに仕上げる「ピンク」と呼ばれる焼き加減がおすすめ。

　春のやわらかい草を食べて育つ生後6か月以内の仔羊の肉。やわらかく臭みはほとんど感じられません。イースター（3～4月）の頃に出荷されるラム肉はスプリング・ラムと呼ばれ、季節限定の高級品。ミント・ソースを添えてロースト料理で食べるのが一般的です。

夏草をたっぷり食べて来春の出産に備えるお母さん羊。

# Dairy Products

【乳製品】

牛乳とバターのおいしさは天下一品。低温殺菌の牛乳は紅茶やコーヒーに入れてもおいしく、濃厚かつさっぱりしたアイスクリームにもなります。大人になっても水代わりに牛乳を飲む人も多く、成人男性がビール用のパイント・グラスになみなみ注がれた牛乳を飲んでいるのを見かけることも。バターはヨーロッパいちの品質を誇り、キンポウゲの花のような鮮やかなイエローが特徴。乳牛が食する牧草に含まれるカロチンの影響だそうです。

チーズやヨーグルトの生産も盛ん。小規模農家がつくるおいしいブランドが多くあります。

上・アイリッシュ・バターの代表格ケリーゴールド。アイルランド人はこの味で育つ。／右・フレッシュな活きた乳酸菌の酸味が特徴のグレニレン・ファーム(Glenilen Farm)のヨーグルト。

# Seafood

【シーフード】

港町ハウス(P.74)の魚屋にて。以前より家庭で魚を調理する人が増えている。

脂ののったサーモン、身のしまったタラやヘイクのほか、スズキ、アンコウ、カレイなどがレストランの食材として一般的。季節と場所によりエビ、ムール貝、ホタテ、カニ爪、ロブスター、牡蠣も。アイルランド人はシーフードを好まない人も多いため、大衆的な店には魚料理のメニューは少なめ。食べるなら、海辺や街のシーフード専門店へ行くのがよいでしょう。

左から／牡蠣は種類も多く、西海岸のゴールウェイ(P.104)では、毎年9月にフェスティバルも。／フレッシュで肉厚なサーモンは、どこで食べてもハズレなし。

47

# Potatoes
【ジャガイモ】

アイルランドの主菜・主食。マッシュポテト、ローストポテト、茹でたジャガイモ、チップス（フライドポテト）など食べ方のバリエーションも豊富。食事の際には肉や魚にたっぷりのジャガイモ料理がついてくるのがアイルランド流。マッシュポテトにポロネギを入れた「チャンプ」、2度揚げ3度揚げのチップスなど、さまざまなこだわりが見られます。

皮の赤い「ルースター（Rooster）」はいちばん人気の品種。アイルランド人が好むホクホクの（floury）食感でくずれにくい。

## ジャガイモの普及と大飢饉と移民

ジャガイモはアイルランドの近代史をよくも悪くも大きく変えた食べもの。1500年代に中南米からもたらされ、国土が狭く痩せた土地の多いこの地でも育てやすいことから全土に普及。栄養価も高く、農民たちは貧しくともジャガイモのおかげで身体が丈夫だったと言います。しかし、19世紀半ばに疫病が蔓延してジャガイモが枯死、100万人を餓死させる大飢饉の原因となりました。それをきっかけに大量のアイルランド人がアメリカ、オーストラリアなどへ移民。現在アイルランド系の人口は全世界で8000万人にのぼると言われます。

大飢饉に打ちのめされ移民船を目指す人々の銅像。ダブリン出身の彫刻家ローワン・ギルスピー（Rowan Gillespie）の作。
MAP📍P.15[A-4]

　ちなみに明治時代に日本で最初に植えられたジャガイモはアイリッシュ・コブラーという品種。アイルランドからアメリカに移民したコブラーさんが改良し、日本へ伝わり男爵イモとなりました。

## 2大ポテトチップス
# テイトー vs キョーズ!

クリスプス（ポテトチップス）は、アイルランドの国民的スナック。
ここでは約70年の歴史をほこる老舗と、
フレーバー豊富な新ブランドの徹底比較!

## TAYTO
### テイトー

　1954年から変わらぬ人気を誇る、パッケージの「ミスター・テイトー」が目印の元祖アイリッシュ・ポテトチップス。新鮮なイモの香りが封じこめられたぱりぱりサクサクの食感は止まらないおいしさ。塩味と酸味が効いた「ソルト&ビネガー」は日本のメーカーにはない強烈な味でやみつきになります。鮮度を大切にし国外には輸出しないので、アイルランドでしか買えません!

## Keogh's
### キョーズ

　テイトー人気に迫る勢いの、2011年発売ブランド。歯ごたえのある食感と、アイルランドらしいフレーバーが魅力。キャラクターはないけれど、パッケージ裏面にイケメン生産者たちの写真入り。「シャムロック&サワークリーム」は乾燥シャムロックを青のりのように散らしたアイデア商品でおみやげにも人気。全商品グルテンフリーでヘルシー。

ソルト&ビネガー

チーズ&オニオン

スモーキー・ベーコン

200年近く先祖代々の畑でイモをつくり続けるキョー家。

左から／ロースト・ターキー&シークレット・スタッフィング／アイリッシュ・アトランティック・シーソルト

北アイルランドで売られているものは「ミスター・テイトー」の顔が違う!

小腹が空いたら

## ポテトチップス・サンドイッチ!

　アイルランド人が家庭で楽しむジャンクな味。食パンにバターを塗ってしっとりさせ、小袋ひと袋分をはさみぎゅっと押すのがコツ。薄型のテイトーでつくるのがおすすめです。

# アイルランドの伝統料理

貧しい時代が長かったアイルランドでは、限られた食材をおいしく食べる工夫がされてきました。アイルランドの伝統料理は家庭料理が主体。煮込みや大皿料理が多いのは大家族で食卓を囲んだ時代の名残です。暮らしが豊かになった今ではなつかしの味になりつつありますが、伝統料理専門店やパブ・レストランで食べることができます。

小麦粉でとろみをつけず、さらっとした煮汁。ジャガイモは入れずに小皿でつくことも。

## Irish Stew
【アイリッシュ・シチュー】

ラム肉と野菜の煮込み。調味料は塩コショウとハーブのみ、素材の旨みが活きる料理。各家庭の秘伝のレシピがあるようにレストランごとに具材や煮込み加減が違います。

## Shepherd's Pie
【シェパーズ・パイ】

この国の「パイ」はパイ生地ではなく、マッシュポテトをかぶせてオーブンで焼いたもの。残りもののロースト・ラムを刻んでつくったのがはじまり。今はラムひき肉でつくられることが多いです。

パイは種類が多く、牛ひき肉でつくるコテージ・パイ、シーフード・パイなども人気。©Yumiko Matsui

## Beef & Guinness Stew
【ビーフ&ギネス・シチュー】

肉をやわらかくするために身近にあるギネスを仕上げに入れたのがはじまり。ジャガイモは一緒に煮込まず、マッシュポテトを別途つくり、後で上にのせる食べ方も。

ベーコンは燻製されていないことが多いのでジューシーな豚肉本来の旨みがある。©Yumiko Matsui

## Bacon & Cabbage
【ベーコン&キャベジ】

かたまりのベーコンとキャベツを一緒に茹でるだけのシンプルな料理は農村地域の家庭のご馳走でした。パセリ・ソースをかけて食べるのがお決まり。

ビーフ好きのアイルランド人が大好きな一品。パイ生地に包んだバージョンも。©Yumiko Matsui

## Dublin Coddle
【ダブリン・コドル】

薄切りベーコン、ソーセージ、ジャガイモのシンプルな煮込み。簡単すぎてレストランのメニューになかなか入れてもらえないのが難点。見つけたらラッキー！

作家ジョナサン・スウィフト(P.27)の好物だったと言われる料理。

## Deep Fried Breaded Mushrooms
【マッシュルームのから揚げ】

大粒のボタン・マッシュルームをひと噛みするとアツアツの汁がじわり。パブ・レストランの前菜の定番。ガーリック・マヨネーズをディップして食べるのがおすすめ。

ボタン・マッシュルームは特産物。細かく刻んでスープに

## Breakfast Roll
【ブレックファースト・ロール】

ソーセージ、ベーコン、ブラックプディング、目玉焼きなど朝食の具材入りサンドイッチは国民的B級グルメ！ コンビニやドライブインのデリで注文してつくってもらいます。マクドナルドの朝食メニューにもあり。

具材、ソーセージの本数、ソースは好みを伝えて。

## Mussels in White Wine & Cream
【ムール貝の白ワイン＆クリーム煮】

豊富に獲れるムール貝は魚介メニューの定番。乳製品がおいしいアイルランドでは牛乳やクリームをたっぷり入れて煮込みます。

空いた貝殻をトングのように持ち、次の貝をつまんで食べるのがツウ。

### 🍴 伝統料理を楽しめるレストラン

## Oliver St. John Gogarty
【オリヴァー・セント・ジョン・ゴガーティ】

1階はにぎやかなパブ・レストラン、2階は田舎の民家風のレストラン。ボリューム満点のアイリッシュ・シチュー（パブ€14.95、レストラン€19.95）がおすすめ。19世紀のレシピを再現したコンビーフやダブリン・コドルもぜひ。地元の常連客に人気の、ランチの日替わりパイもチェックしてみて。

22 Anglesea St, Temple Bar, Dublin , D02 RX38
📞(01)6711822／http://www.gogartys.ie
🕐12:00〜23:00、一部祝祭日休／MAP📍P.15[B-3]
◎16:00までは日替わりランチのみ

# ダブリンのレストラン＆カフェ事情

　　ダブリンのレストランの主流は地元産の新鮮な素材を活かしたコンテンポラリーなアイルランド料理。素材の中心は国産の肉や魚で、近年味つけやつけ合わせに地中海風、アジア風のテイストを取り入れる店も。朝食とランチが食べられるカフェも多く、かつてはアイルランドといったら紅茶の国と言われましたが、今や都市部と若者層を中心にコーヒー党が多くなり、自家焙煎にこだわる店も増加中。外食価格は全般的に高めですが、外れが少なく、レベルは高いと言えます。

　　有名店でも肩肘張らず、気取りのないムードがこの国のレストランの素敵なところ。積極的に「おいしい！楽しい！」を口に出して表現しましょう。コミュニケーションは食事やサービスの質をさらによくしてくれます。アレルギーや好みにもできる限り柔軟に対応してくれますので、進んで伝えましょう。

## 【より楽しむためのヒント】

● 夏の観光シーズンや木金土曜の夜はかなり混むので予約を。もしくは、店が混みはじめる19時前に入店を。

● 朝から通しで営業しているカフェやレストランの多くは、ブレックファースト（11:30〜12:30頃まで）、ランチまたはブランチ（〜16:00または17:00頃まで）、ディナーと、時間に応じてメニューが異なります。時間は店により異なるので事前に要チェック！

● レストランでは前菜、主菜、デザートの3コース（3品）が普通ですが、必ずしも3品注文しなくてもOK。2コース（前菜と主菜または主菜とデザート）または3コースのお得なセット・メニューがある店もあり。

● ディナー時のパンは前菜と一緒に出し、主菜が運ばれる前にさげるのがこちらの習慣。主菜のつけ合わせは温野菜やチップスが一般的。

● スイーツに「クリーム（ホイップ・クリーム）を添える？」と聞かれたら、ぜひ「YES」を。国産のフレッシュなミルクでつくる砂糖を入れないクリームはスイーツの甘さを緩和してくれ、よりおいしく味わえます。

● 会計に「サービス料金」が加算されない場合は、合計額に10〜15％を上乗せして支払うのがマナーとされています。

地元っ子たちの集合場所としていつもにぎやかなザ・フンバリー（P.54）。

🍴☕ 夜はシアターになるカフェバー

# Bestseller
【ベストセラー】

19世紀のレトロな雰囲気を残した、ほっと落ち着く空間。

上・建物は、もとアイルランド聖書協会本部だった。／左・甘さと酸っぱさ、ベリーのフレッシュさが舌の上で溶け合うエギーブレッド。

上・ワインと軽食を楽しんで、そのまま演劇鑑賞。／右・ピンクのカクテル「ハッピー・デイズ」。ダブリン出身サミュエル・ベケットの芝居のタイトル。

　200年の歴史あるクラシックな建物がカフェ＆ワインバーに。朝食時間（〜11：30）にのみ注文できる店オリジナルのエギー・ブレッド€7.95は、一度はメニューから消えたものの、ファンの熱いラブコールで復活した一品。卵にひたして焼いたカリカリでフワフワのクロワッサンとヨーグルトのありそうでないコンビネーションが絶妙。ランチの各種サンドイッチ€8.5〜は、凝った具材の取り合わせが食欲をそそります。

　店内書棚の本は手に取って読むことができ（一部購入可）、夜は新進の劇団グラス・マスク（Glass Mask Theatre）の小劇場に早変わり。観劇しながら軽食やドリンクも。文学や演劇が暮らしに息づくダブリンらしさあふれる空間です。

41 Dawson Street, Dublin, D02 VY06／https://www.bestsellerdublin.com
🕐8:00（土曜9:00、日曜10:00）〜18:00（シアター開催時の月〜水・木金土22:00頃）、
　一部祝祭日休　◎演劇鑑賞はウェブサイトより要予約
MAP📍P.15[B-3]

## ☕ 街で話題のホットなカフェ
# The Fumbally 【ザ・フンバリー】

開放的でリラックスできる店内。隣のスタジオではイベントも開催している。

看板メニューのフンバリーエッグ。サンフラワーシードとの絶妙なバランス。なんてことはないと思いきや箸が止まらなくなる美味しさ。

　注目のフリンジ・エリア、ダブリン8区のコミュニティハブとして人気のカフェ。信頼できる生産者からの食材と、カフェの裏庭で栽培されるフレッシュな野菜やハーブ、自家製の発酵食品を使った料理の数々が、心も身体も元気にしてくれます。

　ブリオッシュのトーストにスクランブルエッグをのせたフンバリーエッグ€11は、シンプルながら卵はフリーレンジ、具材は極力オーガニックというカフェのこだわりが凝縮されたおすすめの1品。チーズとケールのソフト&ハードな食感がやみつきになるおいしさです。食後には自慢のチョコレート・ケーキ€4.9をぜひ。濃厚なのにふわふわ、お腹にやさしいグルテンフリーなので、大きなひと切れもペロリとおさまってしまいます！

左から／人気のチョコレート・ケーキ。シャムロックとケルトのブローチの絵柄のお皿も素敵。／オーガニック野菜に焼きたてのパン、ワイン、こだわりの食品や小物を店内で販売。

Fumbally Lane, Dublin, D08 HFF2
📞(01)5298732
http://thefumbally.ie
🕘9:00〜17:00、
　土曜10:00〜15:00、
　日月曜・一部祝祭日休
MAP📍P.14[C-2]

## ☕ ダブリンの老舗ティールーム
# Queen of Tarts
【クイーン・オヴ・タルツ】

1998年のオープン以来、変わらぬ味と
人気を保つダブリンっ子御用達の名店。お
すすめは2種のチーズケーキ。伝統的なベ
イリーズ入りは、濃厚チーズとリキュールの
甘さのバランスが絶妙で、口に運ぶたびにう
ならずにはいられないおいしさ。ニューヨー
ク仕込みの初代オーナー姉妹のオリジナル、
ラズベリー入りは、よりさっぱりした味わい
です。スイーツのほか、ブレックファースト
やランチメニューも充実。

チョコチップ入りのベイリーズ・チーズケーキ€6はダブリンいちのおいしさ。

Cow's Lane, Temple Bar, Dublin, D08 F959
📞(01)6334681／http://www.queenoftarts.ie
🕐8:00〜17:30、一部祝祭日休
MAP📍P.14[B-2]

左・開店当時は珍しかったニューヨーク風ラズベリー・チーズケーキ。
甘ずっぱいベリーとチーズの相性抜群€8。／右・創業時からの看板。

## ☕ 素朴な手づくりケーキがおいしい
# The Cake Café Dublin 【ザ・ケーキ・カフェ・ダブリン】

都会のオアシスに迷い込んだかのような、
にぎやかな通りの裏に隠れるようにある小さな
カフェ。良質の砂糖やクリームの味が際立つ
素朴な味わいのケーキが評判です。数え切
れないレパートリーのなかからギネス＆チョコ
レート、キャロット、オレンジなど味も形も違
ったケーキが毎日カウンターに並びます。各
種ブランチやアフタヌーンティー€30も人気。

スポンジケーキの王道、ビクトリア・スポンジ€4.8。

The Daintree Building, Pleasants Place, Dublin, D08 N6DN
📞(01)4789394／http://www.thecakecafe.ie
🕐9:00〜18:00、日曜・祝祭日休
MAP📍P.15[C-3]
◎カムデン・ストリート（Camden St）の書店（The Last Bookshop）の
店内を通り抜けてアクセス

エコ・アパートの一
角がカフェに。天
気のいい日はテラ
ス席から先にいっ
ぱいに。

# ☕ ホット・チョコレートを飲むならココ！
# Butlers Chocolate Café【バトラーズ・チョコレート・カフェ】

ダブリンのスターバックスともいえるカフェ・チェーンは、なんと人気チョコレート店の経営。チョコ大好きのアイルランド人はコーヒーだけでは満足しないのです！

ここで飲むべきはやはりホット・チョコレート。コーヒー代わりにごくごく飲めてしまう上品な甘さと風味は、専門店ならではのおいしさ。オリジナルのほかホワイト、ダーク、モカ、チリ、ミント、ココナツなど11種もの違った味が。ドリンクを注文するとカウンターにずらりと並ぶチョコのなかから好みのものをひとつ選ばせてくるという、チョコ好きには天国のようなカフェ。箱入りチョコレートの品ぞろえも豊富なのでおみやげにぜひ。

24 Wicklow Street, Dublin, D02 R981
📞(01)6710591
http://www.butlerschocolates.com
butlers-chocolate-cafe
🕐7:30(土曜8:00、日曜9:00)～19:00(木曜19:30)、
一部祝祭日休
MAP📍P.15[B-3](本店)

◎ダブリン市街地にグラフトン・ストリート店(2店)、ドーソン・ストリート店、チャタム・ストリート店、リフィー・ストリート店など11店舗あり。オープン時間は店舗により異なる。

アイリッシュ・ウイスキー、ベイリーズ・クリームなどこの国ならではの味も多い。

夏も暑くないので1年中人気のホット・チョコレート€4.2。オリジナルとホワイト。

上・自宅で飲める固形ホット・チョコレート€5はおみやげにおすすめ。／左・甘いものに目がない男性も多いお国柄。チョコホリック男子も足繁く通うカフェ。

## 🍴🍺 ピザと地ビールで味わう今どきのダブリン

# Rascals Brewing Company
【ラスカルズ・ブリューイング・カンパニー】

マイクロブルワリーに併設されたピザ・レストランが地元っ子に人気。本格ナポリ風のモチモチでジューシーな石窯焼きピザを、具材やネーミングでダブリン風に。ジャガイモやブラックプディングをトッピングしたユニークなご当地ピザも。ガラス張りの壁越しにのぞけるブルワリーで作られるビールは種類豊富。まずは4種のテイスティング・トレイ€10で好みの味を見つけてみて。

真夏のプールサイドをイメージした喉ごしさわやかなペールエール「ハッピーデイズ」€6.3といちばん人気のピザ「Meet Me In Inchicore」€16.5。

Goldenbridge Estate, Tyrconnell Rd, Inchicore, Dublin, D08 HF68
📞(01)5382051／https://rascalsbrewing.com
🕐16:00(土日曜13:00)〜24:00、食事22:00最終、
　一部祝祭日休
◎週末は混むので要予約
◎ブルワリー・ツアーあり、所要25分〜、大人€10〜。
　曜日と時間はウェブサイトで確認
MAP📍P.14[B-1]

左から／ペールエールやスタウトなど異なる4種が味わえるお得なテイスティング・トレイ。／ウェアハウス風の店の外観がかえっておしゃれ。

## 🍴 小さな小さなイタリアン

# Terra Madre
【テッラ・マードレ】

まるで映画に出てくる小さな村のビストロのよう。レシピはイタリア・マルケ州出身オーナーの家庭料理。繊細なラビオリやニョッキはどこかなつかしく、ひと口ごとに幸せが広がります。クリームがとろけ出てくる珍しいモッツァレラチーズ、ブッラータも時々メニューに登場。デザートにはとろり、もっちり、ほんのり甘い絶品パンナコッタをぜひ。

小さなパスタから肉汁があふれるトマトとサフラン風味のビーフ・ラビオリ€17.5。

13a Bachelors Walk, Dublin, D01 VN82
📞(089)2440277／http://www.terramadre.ie
🕐12:30〜15:00、17:30(日月曜18:00)〜22:00、
　一部祝祭日休／MAP📍P.15[B-3]
◎入り口は道路に面した地下。見逃しやすいので注意！
◎ランチは一時休止中。再開は要確認。

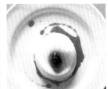

左から／モッツァレラとバルサミコ酢たっぷりのプレザオラ(塩漬けビーフ)€14.5はセロリをくるんでさっぱりした仕上がりに。／ダブリンでもデザートの定番になりつつあるパンナコッタもこの店のものがいちばん。

# 食通好みの下町のグルメ
## L. Mulligan. Grocer 【エル・マリガン・グローサー】

カジュアルな雰囲気で和気あいあいとお酒と食事を楽しめるのもこの店の魅力。

下町の面影を残すストーニーバターで人気のガストロパブ。アイルランド人が家庭で親しんできた味を、季節の素材を厳選してグレードアップさせたメニュー。自家製レリッシュ（刻み野菜に酢や砂糖を加えて煮た薬味）やピクルス、ピスタチオのクランブル、カブのチップスなど料理を引き立たせるつけ合わせにもこだわりが見られます。創業以来人気のスコッチエッグ€9.5はこの店に行ったら必ず食べたい一品。カラリ揚がった衣とやわらかなひき肉に包まれた茹で卵のジャンキーな食感がやみつきになります。

クラフトビールやウイスキーの品ぞろえも豊富。食事には合わないというアイルランドの通説をくつがえし、各料理におすすめの季節のビールやウイスキーをあえてメニューに記しているのもこの店ならでは。

ポークの代わりにチーズを使ったベジタリアン・エッグもあり。卵はもちろんフリーレンジ。

18 Stoneybatter, Dublin, D07 KN77
📞(01)6709889
https://www.lmulligangrocer.com
🕐木金曜16:30〜23:30（金曜24:30）、土曜12:30〜24:30、日曜13:00〜23:00、月火水曜・一部祝祭日休
◎食事ラストオーダー21:30（日曜20:00）
◎要予約
MAP📍P.14[A-1]

ウイスキー・バターを包んで揚げたチキンキエフ€23.5、赤カブのコールスロー添え。

揚げ物によく合うさっぱりとしたクラフトビール。

# 🍴 伝統の味と素材をひとひねり
# The Pig's Ear
【ザ・ピッグズ・イア】

　ダブリンのグルメシーンを代表するモダン・アイリッシュのレストラン。伝統の味と素材にツイストを加えたメニューが新鮮で、来るたびに新しい味に出合える楽しみな一軒です。通常はひき肉でつくられるシェパーズ・パイもここではひとひねり。ミンチする代わりに時間をかけて煮込んだラム肉はトロトロで、ジューシーな味わいが口いっぱいに広がるおすすめの一皿。

　メニューには旬の素材が頻繁に使われ、ジビエのシーズンには鹿肉料理が加わることも。野菜のメインコースは季節によりバリエーションがあり、ある日に食べた赤カブのローストは、洋ナシとヨーグルトとのコンビネーションが絶妙でした。2コース€55、3コース€65。

上・見た目も味も芸術品。塩焼きした赤カブの旨みがじんわり沁みる和食を思わせる味わい。／下・街の中心にある3階建ての細長い店。スタイリッシュな内装でビジネスマンにも人気。

4 Nassau Street, Dublin, D02 XY74
📞(01)6703865
http://www.thepigsear.ie
🕐12:00〜14:45、17:30〜22:00、
　日曜祝日休
◎要予約
MAP📍P.15[B-3]

鹿肉のタルタル。脂質が少なくヘルシーな鹿肉は近年注目の食材。

シックな内装とは対照的なピンク色のドアがキュートな入り口は繁華街沿い。

シェパーズ・パイ。パイ生地ではなくジャガイモで包むのがアイルランド流。

## 🍴 名優たちも愛するステーキの名店
# Trocadero [トロカデロ]

ダブリンでおいしいステーキを食べたいならぜひここへ。ステーキ肉に最適とされる国産アンガス牛のやわらかな赤身肉が身体に沁みる食べごたえ。まさにアイルランドの大地の味です。劇場の多いこの街で半世紀にわたり観劇前後の食事どころとして親しまれてきた高級レストラン。店内にはテレビや映画でおなじみの顔ぶれがずらり並びます。

ダブリン出身のハリウッド・スター、コリン・ファレルも常連。

左から／1960年代創業の歴史を感じさせる内装。訪れたVIPたちの写真が壁を飾る。／28日間乾燥熟成させた9オンス（255g）センターカット・フィレ€38.5。

No.4 St. Andrew's Street, Dublin, D02 PD30
📞(01)6775545／http://www.trocadero.ie
⏰17:00（土曜16:30、日曜15:00）〜22:30（日曜20:00）、月曜・一部祝祭日休　◎要予約／MAP📍P.15[B-3]

## 🍴 グルメな地元っ子が通う
# Camden Kitchen
【カムデン・キッチン】

オープンから10余年、変わらぬ評価と人気を保つ珠玉の一店。メニューは随時変わり、マグロの炙り刺し身、鴨肉や鹿肉のロースト、牛ほほ肉の蒸し煮など、食通好みの旬の食材が目も舌も楽しませてくれます。店内の、こぢんまりと親しみやすい雰囲気も魅力。2コース€31、3コース€36のお得なアーリーバードメニューもおすすめです。

3 Camden Market, Grantham Street, Dublin, D08 R260
📞(01)4760125／http://camdenkitchen.ie/
⏰17:00〜21:30（最終予約）、日曜18:00〜20:30（最終予約）、月火曜・一部祝祭日休／アーリーバード〜18:00（日曜19:30）
◎要予約／MAP📍P.15[C-3]

上から／ナイフを当てるとほろっと身がほぐれる、ジューシーな鴨肉のロースト。／デザートも定評あり。ルバーブ・クランブル＆ブラックチェリーのシャーベット。

レストランは1907年に建てられた旧カムデン・マーケットの一角。

## 街角のおしゃれなフレンチ・ビストロ
# Pichet 【ピシェ】

食事を楽しむお客さんを見たくてオープン・キッチンから顔をのぞかせるシェフたち。

カジュアルな雰囲気で和気あいあいとお酒と食事を楽しめるのもこの店の魅力。

　フレンチをアイルランド風にひとひねりしたビストロ風レストラン。こぢんまりした店内はオープン・キッチンで明るくフレンドリーな雰囲気。旬の素材やシェフのアイデアで定期的にリフレッシュされるメニューのなかから、ある日に私がチョイスした3品コースのランチ€42は、セルリアック（根セロリ）のスープ、オーガニック・サーモン、シェフおすすめのアーモンドのパルフェ。刻んだ芽キャベツ入りのこっくりしたスープと、皮がパリパリに焼けた脂ののったアイリッシュ・サーモンは、フレンチなのにどこか日本料理を思わせるような味わい。程よい味つけと量でペロリと完食させてくれます。

　ワインリストも充実。食事前後に店内バーでワインやカクテルのグラスを傾けるのもいいですね。

左・和食器のような趣きの器で出される味わい深いセルリアック・スープ。／右・定番のサーモンも、新鮮なイカとブロッコリーの炒め物が添えられて華やかに変身。

15 Trinity Street, Dublin, D02 T998
📞(01)6771060／http://pichet.ie
🕐月火曜16:30〜21:30、水〜土曜12:00〜15:15・17:00〜21:30
（金土曜22:00）、日曜・一部祝祭日休
◎要予約
MAP📍P.15[B-3]

メインディッシュのラム肉€36. 旬の旨味と豊かな風味はアイルランドの大地の味そのもの。

トマトコンソメのしめサバは一本釣り。「皿のコンソメは飲み干してください」とスプーンがわたされる。

## 小皿で楽しむ
## モダン・アイリッシュ
# Library Street
【ライブラリー・ストリート】

近ごろダブリンで人気の、複数の小皿料理をシェアして楽しむスタイルのレストラン。素材の旬に合わせて変わるメニューは、アイルランド伝統食材にヨーロピアン・テイストを加えたモダン・アイリッシュ料理。国内外の有名レストランでキャリアを積んだオーナーシェフ、ケヴィン・バークのオリジナリティーあふれる逸品の数々に、目も舌も奪われてしまいます。

1個から注文できる生牡蠣€3.9〜、トマトコンソメでしめたサバ€6.5、そら豆ソースのニョッキ€13など工夫を凝らしたさまざまな味を少しずつ楽しめるのがうれしい。お腹に余裕があれば、旬の肉や魚のメイン・ディッシュ€30〜や、遊び心あふれるデザート€10〜もぜひ。人気店のため、予約はお早めに！

パリ・ブレスト（リング状シュー菓子）、間にはさまれたクリームはギネス風味！€12。

101 Setanta Place, Dublin, D02 W3Y7
📞(01) 6170999
https://www.librarystreet.ie/
🕐17:00（金土曜15:00）〜23:30、
　日月曜・一部祝祭日休
◎要予約／MAP📍P.15[B-3]

明るくスタイリッシュな店内、店のポリシーは「皿の上の料理より食べる人が大切」。

## 🍴 ボリューム満点のベジタリアン

# Cornucopia 【コーヌコピア】

　セルフサービス式のカジュアルなベジタリアン＆ヴィーガン・レストラン。肉や魚なしでも大満足のしっかりした味つけと食べごたえです。ムサカやココナツカレーなど数種の日替わり料理に、好みのサラダ2種かスープがついたプレート€18.50〜がランチタイムの定番。オーガニックのワインやコーヒー、フルーツや野菜のヘルシーなしぼりたてジュースがあるのもうれしい。

カウンターに並ぶ料理を見て注文できるのが便利。常連のダブリンっ子たちが列をなす。

19/20 Wicklow Street, Dublin, D02 FK27
📞(01)6777583／http://www.cornucopia.ie
🕐8:00〜20:00(木金曜21:00、土曜21:30)、一部祝祭日休
MAP📍P.15[B-3]

豆腐とワカメ、ローストペッパーがカシューナッツソースでまろやかに溶け合う、ボリューム満点のエンチラーダ。

## ☕ これを食べたら気分は「サベージ」！

# Lolly and Cooks
【ロリー・アンド・クックス】

　この店でぜひ味わってほしいのが、サベージ・ロールと呼ばれる巨大ソーセージ・ロール。地味な見た目からは想像しがたいジューシーな食感と肉の旨味は、ひと口食べればその名を実感すること間違いなし！(「サベージ(savage)」とは「ヤバい」、「ハンパない」といった意味のスラング)。

　スイーツやヘルシーなサラダも人気で、野菜は南東部ティペラリー県のオーナー家族の農場直産。テイクアウトして、近くの公園のベンチでほおばるのもいいですね。

上・熱狂的ファンも多いサベージ・ロール€5.2。ベジタリアン用もあり、そちらも十分パワフル。／右・マーケット屋台からはじまった小さなカフェ。さわやかなブルーが目印。

18 Merrion Street Upper, Dublin, D02 X064
📞(01)6624313
https://www.lollyandcooks.com
🕐7:30〜16:00、土日曜・一部祝祭日休
◎ハーバート・パーク(Herbert Park)、グランド・カナル(Grand Canal)にも店舗あり(土日曜も営業)
MAP📍P.15[C-4]

# 持ち帰りたいこだわりの味

**おみやげハンティング②食品編**

「食」が元気なこの国ならではの、とびっきりのおすすめを集めてみました。
伝統を受け継ぐ家庭の味、アイルランド人が大好きな食材を使った、
こだわりの生産者によるおいしいものばかりです。

スティック状
ホット・チョコレート

**1**

**2** ヘイゼル・マウンテン（Hazel Mountain）の
チョコレート

**3** メラズ（Mella's）のバター・ファッジ

リズモア（Lismore）の
バター・ビスケット

**4**

ヒーリー・ファミリー（Healy Family）の
ハニーコム（蜂の巣）

**5**

**6**

シーモアズ（Seymours）の
ショートブレッド

**7**
バリーズ・ティー
(Barry's Tea)

**8** キャンベルズ・パーフィクト・ティー

大西洋の
ワカメ入り海塩
**9**

**10**
バリマルー（Ballymaloe）の
レリッシュ

**11**
アイリッシュ・
ソーダ・ブレッド・キット

## SHOP LIST

**A Fallon & Byrne**
【ファロン・アンド・バーン】

11-17 Exchequer St, Dublin, D02 RY63
https://www.fallonandbyrne.com／MAP♀P.15[B-3]

**B AVOCA Suffolk Street**
【アヴォカ サフォーク・ストリート】

11-13 Suffolk Street, Dublin, D02 C653
https://www.avoca.com/en
stores-and-cafes/suffolk-street／MAP♀P.15[B-3]
◎P.76も参照

**C Brown Thomas**
【ブラウン・トーマス】

88 Grafton Street, Dublin, D02 VF65
https://www.brownthomas.com／MAP♀P.15[B-3]

**D Dunnes Store**
【ダンズ・ストア】

19-20 South Great George's Street, Dublin, D02 FN76など
https://www.dunnesstores.com
MAP♀P.15[B-3]

**E Tesco**【テスコ】

Jervis Street Shopping Centre, Dublin, D01 W3X5 など
https://www.tesco.ie／MAP♀P.15[A-3]

**1.**マグに注いだミルクに刺して電子レンジで2分、ホット・チョコレートのできあがり。(The Chocolate Garden of Ireland)€2.55(Ⓑ)／**2.**バレン(P.121)の工房でつくられる数少ないビーントゥーバー（カカオ豆からチョコレートバーになるまで自社で一貫して製造）のチョコレート。ミルク、ダーク、各種フレーバーあり。€7(Ⓒ)／**3.**口のなかでとろける甘さと舌ざわりがたまらない。数あるファッジ（バター風味のキャラメルをやわらかくしたような食感の伝統菓子）のなかでもハンドメイドのこのメーカーがいちばん。1個€2.6(Ⓐ)／**4.**サクサク薄型のデリケートな歯ざわり。オール・バター・ショートブレッドのほかチョコレート＆カルダモン、レモン・ポレンタ、海藻＆キャラウェイなど全7種類。150g€6.95(ⒶⒷⒸ)／**5.**養蜂がさかんなこの国ならではの栄養満点の自然の恵み。メーカーは3代続く養蜂ファミリー。トーストやクラッカーにのせたり、細かく切ってアイスクリームに混ぜたりしてもおいしい。200g€5.75(Ⓑ)／**6.**素朴な食感がやみつきになるひと口サイズのショートブレッド。紅茶によく合う。150g(12個)€5.45(Ⓑ)／**7.**家庭で日々飲まれている庶民の紅茶。濃いめだが渋みがなくさっぱりした後味。ティー・バッグ40袋入り€2.4(ⒹⒺほか、街のコンビニ)／**8.**ケニア産の上質茶葉をブレンドしたコクのある味わいのリーフ・ティー。ミルクをたっぷり入れて飲むのがおすすめ。復刻版のレトロな缶はキッチンの棚に並べたい。500g€8.45(ⒹⒺ)／**9** メイヨー県アキル島の美しい海水からつくられる天然塩。ミネラルがより豊富なワカメ入り！(Achill Island Sea Salt)55g€5.95(Ⓐ)／**10.**料理学校も営む南部の有名マナーハウス秘伝のトマトのレリッシュ(刻み野菜の酢漬け)。肉も魚もサンドイッチに添えればひと味ランクアップ。チューブ入りもあり。310g€3.45(Ⓔほか、街のコンビニ)／**11.**アイルランド伝統のソーダ・ブレッドが、これひとつで簡単に自宅で再現できるすぐれもの。(John McCambridge)€2.5(Ⓑ)

◎価格は販売店により若干異なります。

# アイルランドでのステイ

　観光立国であるアイルランドは、宿泊施設のクオリティが高いことで知られます。ホテル、マナーハウス、B&Bとさまざまなタイプがありますが、ホストやスタッフはみなフレンドリーでもてなし上手。おすすめの観光や食事処などをたずねれば気軽に教えてくれます。

　人気の宿は頻繁にリノベーションを行うので、内装はきれいで清潔。3ツ星以上の宿泊施設であれば水回りもよく、無料Wi-Fi含め必要な設備が整っています。宿泊料金は全般的に高めで、3月のパトリックス・デー前後、6〜8月の週末、イベントやコンサート開催時には通常の2〜3倍にはねあがることもありますが、曜日や時期、部屋のランクにより高級ホテルでもリーズナブルな価格で泊まれることもあるのでチェックしてみて。

　ダブリンの中心部に宿泊する場合は治安を考慮して3ツ星以上をおすすめします。繁華街の宿の場合は耳栓があると安心!

歴史ある建物を洗練されたインテリアでスタイリッシュに。ナンバー31(P.67)。

### 憧れの大学キャンパスに宿泊

　アイルランド最古の大学トリニティー・カレッジ(P.24)の学生寮が夏の約2か月間、一般の宿泊施設として開放されます。予約は2泊または3泊〜。歴史ある名門大学の学生になった気分でダブリンに滞在できるチャンス!

歴史ある大学正門。これが滞在中の日々の玄関に。

## Trinity College Dublin

https://www.visittrinity.ie/stay
6〜8月下旬のみオープン
🛏 1泊€89〜(朝食なし)、€99〜(朝食つき)。
◎バス・トイレ・キッチン共同。バス・トイレ付の部屋もあり(予約時選択可)／MAP📍P.15[B-3]

# 朝食自慢のとっておきの宿
# Number 31 【ナンバー31】

目玉焼き、ベーコン、ソーセージに焼きトマト。卵料理はスクランブルも可。

厩舎を改築したラウンジは沈んだソファがユニーク。かつてこ
こを住まいとした60年代の建築家、サム・スティーヴンソン
(Sam Stephenson)のデザイン。

左から／ジョージ3世様式の見事なシャンデリアは、ニューヨ
ークの有名レストラン、タヴァーン・オン・ザ・グリーンにあった
もの。／寝心地抜群スウェーデン製「ヘイステンス」のベッド。
家具の色彩と照明にもこだわりが。

　18世紀の貴族の屋敷を改装したブティック・
ホテル。細い路地に面した入り口には「31番地」
のサインがあるのみ。個人の邸宅にお邪魔する
かのような気持ちで呼び鈴を鳴らすと、フレンド
リーなスタッフがあたたかく迎えてくれます。ホ
テルの自慢はダブリンいちの朝食。旬のベリー
やホームメイドのミューズリー、できたてのアイ
リッシュ・ブレックファーストやエッグ・ベネデ
ィクト。明るいダイニングでゆったり過ごす朝が
これからはじまるダブリンでの素敵な1日を予感
させてくれます。
　客室のベッドやリネンには最高級のものを使
うこだわり。現オーナーの自慢の絵画や調度品
が飾られた館内は小さな美術館のよう。都会の
隠れ家のようなとっておきの空間です。

31 Leeson Close, Dublin, D02 CP70
(01)6765011／http://www.number31.ie
1室€125〜(朝食つき)／全21室
MAP♥P.15[C-4]

## 🛏 暮らすように滞在するヒップなホテル
# Kellys Hotel 【ケリーズ・ホテル】

アート雑誌や写真集を見ながらコーヒーやドリンクがいつでも楽しめるラウンジ・バー。

　ダブリンの若者が集うパブ「ホーガンズ（Hogans）」の真上にある、ヒップスター風インテリアが話題の小さなホテル。白を基調とした清潔感あふれるベッドルームからは道ゆく人々や美しいマーケット・ビルディングが見え、まるでこの街に暮らしているかのような気分に。

　宿泊客専用のラウンジ・バーは、ドリンク片手に旅の情報交換のできる絶好の場。隣り合う人気フレンチ・レストラン「ルグエルトン（L'Gueuleton）」と、ダブリンのナイト・シーンをリードするトレンディな「ザ・バー・ウィズ・ノー・ネイム（The Bar With No Name）」へは館内から直接アクセス可能。ライブリーな街のムードがホテルにいながらにして感じられます。

左・寝室がロフトにあるペントハウス・スイートのインテリアはミッドセンチュリー風。／上・客室は内装もサイズも異なる3タイプ。写真はエクゼクティブ。／下・煉瓦造りの歴史的な市場の建物に隣接。街の歴史と営みがすぐそばに感じられる。

36 South Great Georges St,
Dublin, D02 T328
📞(01)6480010
http://www.kellysdublin.com
🛏 1室€188〜（朝食なし）／全16室
MAP📍P.15[B-3]
◎朝食はルグエルトンで食べられる（別料金）

🛏 パブを営むファミリーが暮らした部屋に

# McGettigan's Townhouse
【マクゲティゲンズ・タウンハウス】

木製のアンティーク風ベッドが
ウッドパネルの壁と調和。

にぎやかなシティ・センターに隣接する下町情緒あふれるフリンジ・エリア、ダブリン7区の歴史あるパブの上階がプチ・ホテルに。大きさも内装も異なる11の客室は、かつてパブを営んでいた家族の住まいを改装したもの。ウッドパネルやむき出しレンガの素朴な内装がファミリー・ホームのようで落ち着きます。過去の住人たちが時を超えて身近に感じられるのは、各部屋がアニー、バーニー、ジム、モーリーン、ブライアン、ブリージ……と11人の兄弟姉妹の名で呼ばれるせい？

1階パブのブランチ（8〜14時）もおすすめ。ギネス工場（P.42）の目と鼻の先だけあって、ここで飲むギネスもとびきりクリーミーです。チェックインはパブのカウンターで。到着時にコーヒーか紅茶のサービスあり。

上・1776年創業のパブ。夜には地元の常連客が集う。／左・ランチを兼ねた遅めの朝食はいかが？ふんわりブリオッシュにはさまれたジューシーな熟成肉とアイルランド産チェダーチーズのバーガー€18。

78 Queen St, Arran Quay, Dublin, D07 PW67
📞(01)6993310／https://www.mcgettiganstownhouse.com
🛏 1室€109〜（朝食なし）、12/22〜26休業／全11室
MAP📍P.14[B-2]

右・アイリッシュ・コーヒー（P.41）を入れる熟練バーマン。

69

# アイルランドの 音楽シーンが熱い！

テンプル・バー（P.32）にある有名アーティストの顔写真をかかげた「ウォール・オブ・フェイム（著名人の壁）」。

## アイルランドの イチオシアーティストたち

アイルランドが世界に誇る音楽の才能は、エンヤ、U2のみならず。ホットなインディーズバンドが星の数ほど活動し、フォークや伝統音楽も人気。話題の若手ミュージシャンから実力派まで、さまざまなジャンルの注目アーティストをご紹介します！

---

ナチュラル＆ソウルフルな姉妹バンド

# The Henry Girls
【ザ・ヘンリー・ガールズ】

アイルランド最北マリン出身の3姉妹が歌い奏でるブルースやジャズを思わせる美しいメロディとハーモニーが感動もの。フィドル<sup>（※）</sup>、ウクレレ、バンジョー、ギター、ピアノ、アコーディオンなど複数の楽器を自在に弾きこなす。大物女性歌手メアリー・ブラックのサポート演奏で注目を浴び、2003年の活動開始から現在までに6枚のアルバムをリリース。夏には地元でワークショップを開催。3姉妹自らが作詞・作曲・編曲・演奏を手ほどきしてくれます。

※アイルランド伝統音楽を演奏する際のバイオリンの呼び方

キャレン、ローナ、ジョリーンのマックローリン3姉妹。バンド名「ヘンリー」は祖父の名前。

［ジャンル］**フォークロック、ルーツ音楽**
http://thehenrygirls.com

---

# All Tvvins
【オール・トゥインズ】

## インディーズ出身の注目デュオ

近年インディーズバンドとして最高と称賛されたキャスト・オヴ・チアーズ（Cast of Cheers）のボーカル＆ギターのコナーと、アディビシ・シャンク（Adebisi Shank）のギターのラーにより2014年に結成されたデュオ。マスロック系バンド出身の2人がポップスに転向した初のアルバム「イヴィ（IIVV）」がいきなりアイリッシュ・チャート2位に。2023年4月に、2年ぶり16枚目となる待望のシングル「ワッツ・ハプニング（What's Happening）」をリリース。電子音とキャッチーなメロディで再びファンを魅了。

［ジャンル］シンセポップ　http://alltvvins.com

15歳からの友人ラー（左）とコナー（右）のユニット。ヨーロッパ全土に人気拡大中。

70

内陸部マリンガー出身の同級生＆兄弟だけあり息もぴったり。
左からクレイグ、スティーヴン、マシュー、ディーン。

## 青春がつまったポップロック
# The Academic
【ジ・アカデミック】

ティーンの頃からともに育ち、演奏してきた彼らの経歴は、映画『シング・ストリート 未来へのうた』[※]を地でいくのようです。地元の野外フェスで注目を集め、ローリング・ストーンズなど大物アーティストの前座に引っ張りだこに。オールディーズ、ニューウェイブ寄りの美しいメロディラインが魅力。2018年の初アルバムに続き、2023年2月リリースの2枚目『シッティング・プリティ（Sitting Pretty）』もアイリッシュ・チャート1位を獲得、スターダムへまっしぐら!

※2016年のアイルランド映画。悩み多き高校生がバンド結成により変化をとげていく青春ストーリー。

[ジャンル] **オルタナティブロック、ポップロック**

https://www.theacademic.net

左からケヴィン、エド、トレヴァー、キリアン、ショーン。2023年11月、8度目の来日公演決定。

## ケルトのリズムが
## 今によみがえる
# Lúnasa 【ルナサ】

「世界いちホットなアコースティック・グループ」と絶賛される伝統音楽ユニット。フィドルのショーンを筆頭に実力とキャリアを兼ね備えた5人組が奏でる神秘的なチューンと躍動感あふれるリズムは、ケルト音楽になじみのない人も心酔させてしまいます。ダブルベースやギターを加えたコンテンポラリーなサウンドも耳に心地いい。2018年、結成20年記念アルバム「Cas」をリリースし精力的に活動中。

[ジャンル] **アイルランド伝統音楽**

http://www.lunasa.ie
http://www.mplant.com/lunasa（日本語公式ページ）

## 異色のシンガーソングライター
# Duke Special 【デューク・スペシャル】

2002年からソロ活動をはじめ、国内外で精力的にライブを行う、ベルファースト出身のアーティスト。ロマンチックなピアノ演奏と伸びのある澄んだ歌声、ジャンルにおさまらない多様な演奏スタイルが魅力です。蓄音機やトランジスタラジオを音響に使った昔のミュージック・ホール風のライブも人気。代表曲「Last Night I Nearly Died」はライブで演奏されると、サビで涙する人が続出。

[ジャンル] **オルタナティブロック、ソウル バロックポップ、フォーク**

http://www.dukespecial.com

トレードマークだったドレッドロック・ヘアと濃いアイラインから一転、最近のデュークはナチュラル。

## みんなアイルランド出身!

伝統音楽の大御所バンド
### The Chieftains
ザ・チーフタンズ

フォークの神様と呼ばれる
### Christy Moore
クリスティー・ムーア

ロックの殿堂入りを果たした
### Van Morrison
ヴァン・モリソン

下町のロカビリーの女王
### Imelda May イメルダ・メイ

天使の歌声で魅了
### Celtic Woman
ケルティック・ウーマン

時代を超えた名曲
「ティーンエイジ・キックス」
### The Undertones
ジ・アンダートーンズ

映画『Once ダブリンの街角で』の主演
### Glen Hansard
グレン・ハンサード

伝説のロッカーとして死後も影響を与え続ける2人
### Phil Lynott
シン・リジィのフロントマン、フィル・ライノット

### Rory Gallagher
ギタリストのローリー・ガラハー

# 本場のライブや
# 伝統のアイリッシュ・ダンス体験！

音楽やダンスがあふれる街でとびっきりの夜を過ごせる、おすすめスポットをご紹介。ダブリンの熱い夜を体験してみて。

## 街いちばんの人気ライブハウス
# Whelan's【ウィーランズ】

1989年のオープン以来、ダブリンの音楽シーンに欠かせないのがここ。古いパブ奥のメイン会場でほぼ毎晩行われるギグ(※)は、ニック・ケイブやアークティック・モンキーズといった海外のビッグネームから国内のインディーズバンド、コンテンポラリーな伝統音楽グループまで、アーティストの知名度もジャンルもさまざま。ギグ終了後はインディーズロックや80年代中心のDJが入り、会場がディスコになるのが定番。熱気ムンムンの夜が楽しめます。

※ライブハウス、パブなど小さな会場でのセッション

上・日本にもファンが多い民族音楽バンド、キーラ(KÍLA)のギグで盛り上がる。／下・ダブリンっ子なら誰もがここで過ごした楽しい夜の思い出があるはず。

25 Wexford Street, Dublin, D02 H527
📞(01)4780766／http://www.whelanslive.com
🕐17:00〜翌1:30(金土曜翌2:30、日曜翌1:00)
◎ライブ会場入り口は建物脇のCamden Row
MAP📍P.15[C-3]

観客向けの余興ではなく個人の楽しみとパッションのために演奏するのが本来の姿。

## 伝統音楽のセッションが聴けるパブ
# Cobblestone
【コブルストーン】

アイリッシュ・トラッドの生演奏が昔ながらの形式で毎晩行われる、ダブリンでは貴重な1軒。フィドル、フルート、コンチェルティーナ、バンジョーなど演奏者が自分の楽器を持って集い、即興でチューンを奏でていきます。常連のセミプロ演奏者もいれば、趣味でたしなむ人が演奏の輪に加わり数曲弾いていくことも。日々のセッションとは別に、別室「バックルーム」ではさまざまなジャンルのライブ演奏も行われます。

©Taka Aylelodge.

77 King Street North, Smithfield, Dublin, D07 TP22
📞(01)8721799／http://cobblestonepub.ie
🕐16:00〜23:30(金曜24:30)、土曜13:30〜24:30、日曜13:30〜23:00、一部祝祭日休 ◎セッション(無料)は、月曜19:00〜、火〜金曜17:00〜、土日曜14:00〜閉店まで。バックルームでのギグは€10〜15くらい。／MAP📍P.14[A-2]

## ライブハウスの基本

◎ギグのチケットは無料〜€40くらい（アーティストにより差がある）。入り口でも買えるが、当日までに売り切れることもあるので事前にネット予約を。

◎演奏は20:00〜22:30頃が一般的。メインのアーティストがステージに登場するのは開始後1〜1.5時間後、それまではサポート・バンドが演奏する。

◎会場にはバー併設。ドリンク片手に楽しんで！

### 📍 ここもおすすめ！

### The Workmans Club
【ザ・ワークマンズ・クラブ】
10 Wellington Quay, Dublin, D02 VX36
https://theworkmansclub.com

### The Grand Social
【ザ・グランド・ソーシャル】
35 Lower Liffey Street, D01 C3N0
https://www.thegrandsocial.ie

## 📍 観るだけでなく踊ってみよう！
# The Irish Dance Party
【ザ・アイリッシュ・ダンス・パーティー】

難しい説明はなし。楽しく踊りながら伝統のステップを習得！

パブのフロアで行われる体験型アイリッシュ・ダンス・ショー。世界チャンピオンも含まれるダンサーたちの華麗なステップを目の前で見られるのはもちろん、彼らの手ほどきで一緒に踊ることができます。初心者にもわかりやすくステップや動きを教えてくれるので、気がつけば踊りの輪でクルクル回っていることうけあいです。

The Merchants Arch, 49 Wellington Quay, Temple Bar, Dublin, D02 EY65
📞(087)6560952／https://www.irishdanceparty.com
🕐木〜日曜祝日15:00〜17:00、€25
◎月火水曜も日によって開催。土曜日は12:30〜14:30にも開催の場合あり ◎要予約
MAP📍P.15[B-3]

## アイリッシュ・ダンスとは？

移民によりアメリカへ伝えられたタップダンスの起源になったとも言われるダンス。

上半身を不動に直立させ、脚だけでステップを踏むこの国の伝統舞踊。個人で踊るステップ・ダンスは子どもたちの習いごととして、2人以上で組みになって踊るセット・ダンスは地域の社交として今も盛ん。直立不動の胸を張るスタイルは、かつてイギリス支配のもとで伝統芸能が禁じられても「胸を張って」踊り続けたことに由来します。

### 世界で愛されるリバーダンス

移民によりアイルランドの文化が川の流れのごとく流出し、多文化と融合していくさまを表現した華麗なダンス・ショー、リバーダンス（Riverdance）。1995年にダブリンで誕生して以来、世界450か所で公演。ダブリンでは6月下旬〜9月初旬にゲイティー劇場（Gaiety Theatre）で公演が行われることが多い。

http://riverdance.com/tours/ireland

## 街を出て、海を見に行こう！

　海辺の空気とおいしいシーフードが恋しくなったら、
便利な公共の交通機関を使って日帰りでホウスへ！
絶景ウォークと灯台のある港の景色がチャーミングな
ダブリン郊外の半島。ダブリンっ子お気に入りの自然
＆グルメ・スポットです。

# Howth【ホウス】

◎アイルランド人は「th」の発音が苦手。地元の人は「ホウトゥ」と発音します。

## ─ Access ─

🚆 ダブリン・シティ主要駅からダート・ホウス行きで終点下車、約30分／
大人€2.65（同日往復€5）、16歳以下€1.3（同日往復€2.4）

🚌 アビー・ストリート・ロウアー（Abbey St Lower）からダブリンバスH3・
H6で約35〜55分／大人€2、16歳以下€1.3

上・ホウス・サミットから眺めるアイリッシュ海がこんなに穏やかな日もある。雲間から射す「天使の梯子」が美しい。／右・ダートのホウス駅はなんとパブと同じ建物にある！

## 📍アイリッシュ海の絶景を歩く

# Howth Cliff Walk
【ホウス・クリフ・ウォーク】

ヒースの花越しにベイリー灯台を見晴らす。海に向かい深呼吸したくなる。

- - - - - - - - - - - - - - - - - - - - - - - -
◎ホウス・サミット（The Summit）〜イースト・ピア（East Pier）
約3km、高低差130m、所要1時間／MAP📍P.16 [B-1]
◎雨のあとは足元注意。強風時は危険なので行かないように
◎3〜5月はハリエニシダ、7〜8月はヒースが満開になりとくにきれい

　半島南のアイリッシュ海を見晴らす高台ホウス・サミットはダブリン近郊いちの絶景スポット。ベイリー灯台、ダブリン港、天気のいい日は遠くウィックロウの山並みまで見晴らすことができます。ここから港へ続く海沿いのクリフ・ウォークが人気。スリリングな崖の景観、半島に1500種を数える季節の花々、ウミガラスや鵜、各種カモメなど野鳥をながめながら気持ちのよい散策が楽しめます。

　港から出発すると上りになるので、サミットから海を右手に見て下りルートをとるのがおすすめ。その場合はダブリン・シティからダブリンバスに乗り、ホウス・サミットで下車。ウォーキング後は、港からダブリンバス、ダートのどちらでもダブリン・シティへ戻れます。

## 🍴 潮風に吹かれてお腹が空いたら……
# Beshoffs The Market
【ベショッフス・ザ・マーケット】

魚屋とシーフード・レストランが並ぶホウス駅近くのウエスト・ピアにある、レストラン、バー、カフェ、フードホールとして楽しめる魚屋直営店。大粒のムール貝、イカ、エビなど各種海の幸を洗練された一皿で味わえるほか、週末には魚屋の売り場内にバーもオープン。ワイン片手に小皿料理を楽しむ人でにぎわいます。全国各地から直送される生牡蠣のセレクション6個€16〜もおすすめです。

アイルランド人はアウトドア好き。天気がいいとこぞって屋外テーブルへ。

左から／カラリと揚がった新鮮なイカ€12.95。／カニとアボカドを重ね、上にフェネルを散らした品のいい冷菜€16.95。

17-18 West Pier, Howth, Co. Dublin, D13 V9V0
📞(01)8397555／http://www.beshoffs.ie
【レストラン】⊘12:00〜15:30(木金土曜21:30、日曜祝日20:00)、
　木曜15:30〜17:30休、一部祝祭日休または時間短縮
【シーフード・バー】⊘金土日曜のみ12:00〜17:30、一部祝祭日休
【フードホール】⊘8:00(日曜8:30)〜18:00、一部祝祭日休／MAP♥P.16[B-1]

ジャングルと化した森には赤、白、ピンク、紫の色とりどりの花が。

## 📍ロマンチックな花の楽園
# Wild Rhododendron Gardens
【シャクナゲの森】

ディアパーク・ゴルフ場裏手に広がるセイヨウシャクナゲの群生地。1850年頃、ホウス・キャッスルの持ち主が植えたもの。今や大木に育ち、森一面が野生のシャクナゲ園に。花の開花時期は4月末から5月(年により変動あり)。見上げるような巨木に色とりどりの花が咲き乱れ、楽園さながらの美しさです。

森の入り口に「エイディーンの墓(Aideen's Grave)」と呼ばれる古代のドルメン(P.10)あり。戦士した夫を想い悲しみにくれて死んだケルト神話のヒロイン、エイディーンが眠ると言われるロマンチックな場所です。

重みで滑り落ちた石蓋は重さ推定75トン。地元の人々の絶好のピクニック・スポット。

- - - - - - - - - - - - - - - - -
◎花の開花状況はゴルフ場に聞くのがおすすめ
◎ジェームズ・ジョイス(P.26)の代表作『ユリシーズ』の主人公ブルームがモリーにプロポーズした場所としても有名
◎MAP♥P.16[B-1]

### ホウスに海から行ってみる？
## Dublin Bay Cruise
【ダブリン・ベイ・クルーズ】

リフィー川河口のダブリン・シティからダブリン港を後にし、沖合の島々をめぐりホウス半島全景を眺めながら上陸する充実の150分。ホウス沖を周遊する1時間のクルージング(金土日曜14:15発、10〜3月中旬休、€25)もあり。名物のアザラシ君たちに会えるかも。

全天候型、120人乗りのセント・ブリジッド号。バー、トイレあり。

ダブリン・シティ〜ホウス(ダンレアリ港経由)11:00出発、月曜・10〜3月中旬休／所要時間150分／€32(同日利用の帰りのダート用€2割引券含む)
【乗り場】サージョンロジャーソンズ・キー(通り)のフェリーマンズ・パブ前
http://www.dublinbaycruises.com

ホウス港に無数に生息するアザラシ。

# Avoca 【アヴォカ】

アヴォカ・ワールド全間のミル(工場)内展示室。ブランドの歴史も学べます。

## アヴォカ・ブランドの発祥地へ

　ダブリン南部ウィックロウ県の山間にあるアヴォカ村。人口1000人にも満たない小さな村に、300年続く国内最古の毛織物工場があります。島内に14店舗のオリジナル・ショップを構え、今や国外でも注目される「アヴォカ」ブランドは、1723年、ここからはじまりました。やわらかく発色の美しいストールやスロー（※）、ポップな色とデザインが素敵なキッチン用品、見ているだけでワクワクしてくる小物や雑貨は暮らしに夢を与えてくれそうなものばかり。地元の食材を使った食事やスイーツが楽しめるカフェも人気です。

　創業当時からの歴史と面影を残す工場では、上質のウール製品が丁寧につくられていく様子を見学できます。この道数十年の職人たちのあたたかくも真剣なまなざしに触れ、織機が奏でる音を耳にすれば、長きにわたり愛されるアヴォカ製品のよさがより感じられることでしょう。

※ひざ掛けやブランケットとして使われる大判の織物。ソファーにかけて使われることも。靴でベッドに足を投げ出す（スロー）時に汚れないようかけたことから。

---

### Access

🚌 ダブリン市内BusarasからBus Eireannバスで
Arklowへ、約1時間10分／大人€16、子ども€9.5
Arklow Train StaionからTFIバスでAvoca Bridge下
車、約15分／大人€1.5、子ども€1（1日4往復のみ）

🚕 ArklowからタクシーでAvocaへ、約10分／約€25

いくつもそろえたい、肌ざわり抜群の色鮮やかなメリノウールのストール€49.95。

# ファミリーの精神が息づく
# AVOCA, the Mill Store,
# Café & Visitor Centre
【アヴォカ・ミルストア＆カフェ・ビジターセンター】

　アイルランドの多くの伝統工芸は、家族経営に支えられています。アヴォカもその例にもれず、現在の繁栄は1970年代、倒産の危機に追い込まれた工場を買い取り、一から立て直したプラット一族の尽力と地元愛によるもの。村の人々を雇い伝統的な織機の使い方を教え、反物を車のトランクに詰め込んで行商して歩くことからはじめたそう。ウィックロウの山に豊富に実るベリー類を使ったジャムやスイーツをつくり、カフェをはじめ、現在のアイルランドの地元食ブームの火付け役にもなりました。暮らし全般をプロデュースするファッション＆リビングの総合ブランドとしてグローバルな展開を見せるようになった今も、ファミリー経営だった時代のあたたかさやきめ細やかさがアヴォカのバックボーンとして脈々と息づいています。

上・機械織りも行う。色糸は1920年代のオーナー3姉妹が導入、アヴォカの特徴となった。／右・手織り機は2台。慣れた手つきで織り糸を束ねて結ぶ作業をするベテラン職人。

使用糸は子羊の短毛ラムズウールや入念なブラッシングでふんわり仕上げるモヘヤなど。

Avoca Village, Co. Wicklow, Y14 HN29
📞(0402)35105／https://www.avoca.com
【ショップ】⊙10:00～17:00
【ミル（工場）ツアー】⊙10:00～16:00（最終入場15:00）、大人€7、シニア・学生€6
【カフェ】⊙10:00～16:30／MAP📍P.16[C-1]

◎ダブリン・シティにも店舗あり
（ショップ＆カフェ Suffolk Street, Dublin 2／MAP📍P.15[B-3]）

ブラックシープが1匹だけいるヒツジ柄、イチゴ柄などキュートなソックスも多数あり。ショート€13.95、ハイソックス€15.95。

上・創業当時からの水車小屋が工場。糸紡ぎ、機織りのほか、粉挽きもここで行われていた！／左上から／おすすめは軽くてふわふわのモヘヤのスロー（142×183cm、€189.95）。／ロングセラーのボタン柄の食器類。マグカップ€14.95～。

上から／甘酸っぱいトマト・レリッシュをつけて食べるのがおいしいナッツ・ローフ€15.95。／ジャンボサイズのスコーン€3.95はフレッシュな生クリームと手づくりリジャムを添えて。

## 🛏 癒しの宿で季節の恵みを味わう

# BrookLodge & Macreddin Village
【ブルックロッジ&マクレディン・ヴィレッジ】

「アイルランドの庭園」と呼ばれるウィックロウ県の牧歌的な風景のなかにあるホテル。

「ストロベリー・ツリー」とはこのレストラン発祥のケリー県に多いイチゴに似た実のなる木。

左・ある日のテイスティング・メニューの1品は野生の鳩肉と国産大麦のリゾット、自家燻製ベーコン添え。／右・明るくコンテンポラリーなデザインの客室。どの部屋からも緑が見える。

　ダブリン・シティから約1時間半で行ける、森と山に囲まれたロッジ風リゾート。シックな内装の客室、オーガニック・コスメを使ったスパ（30分€50〜）、敷地内にある昔風のチャーミングなマクレディン村で癒しの時を過ごせます。

　最大の魅力は国内の食通をうならせる「ストロベリー・ツリー（Strawberry Tree）」のディナー。オーガニック菜園とワイルド・フードの食糧庫を備え、お抱えのフォレジャー（自然から食糧を調達する人）までいるアイルランド唯一の農業省認定オーガニック・レストラン。四季の恵みを調理した9コースのテイスティング・メニュー€94は森のキノコやベリー、ウィックロウ自慢のジビエ、自家製スモークのチーズに至るまですべてがエキサイティングです！

Macreddin Village, Co. Wicklow, Y14 A362
📞(0402)36444／http://www.brooklodge.com
🛏1室€130〜（朝食つき）／全86室　◎ディナー付きパッケージあり
MAP📍P.16[C-1]

◎「ストロベリー・ツリー」は水〜日曜のみオープン。要予約
◎ヴィレッジにイタリアン・レストラン、カフェ&パブもあり
◎ヴィレッジでパン作り教室、チーズ作り教室あり（開催日時は要確認。要予約）

🛏 過去の栄華に包まれた夢の邸宅

# Tinakilly Country House 【ティナキリー・カントリー・ハウス】

入り口から農場のなかのドライブウェイを進むこと約1km、10年の歳月をかけて築かれた19世紀の大豪邸が現れます。ヨーロッパとアメリカを結ぶ大西洋横断電線の設置にあたったグレート・イースタン号の船長として知られる、ウィックロウ出身のハルピン大尉の屋敷を当時の面影そのままにホテルに改装。華美になりすぎない品のよいラウンジやレストラン、広々とした客室で優雅な時を楽しめます。ティナキリーとはアイルランド語で「森の家」。朝目覚めて最初に見るものは緑と海の淡いブルーです。

調度品が美しいラウンジ・ホール。予約の時に海の見える部屋をぜひリクエストして。

Rathnew, Co. Wicklow, A67 EE09
📞(0404)69274／http://www.tinakilly.ie
🛏1室€199〜（朝食つき）／全48室
MAP📍P.16[C-1]

左・ジュニアスイートには張り出し窓があり広い。通常のデラックスルームとの差額€20。／右・ロマンチックな佇まいは地元カップルの結婚式にも人気。ツタの葉が色づく秋もきれい。

## 📍 山のなかの聖地を訪ねる

# Glendalough
【グレンダーロック】

ソフトクリームは「99（ナインティーナイン）」と呼ばれ、乳製品がおいしいこの国の名物。

2つの湖が横たわる美しい谷間にある、1000年以上前のキリスト教会跡地。あたり一面は国立公園に指定される景勝地で、ハイキング（最短3km〜）も楽しめます。廃墟入り口とアッパー・レイク駐車場で販売している、ミルキーだけどさっぱりしたソフトクリームが絶品！

高さ約30mの印象的なラウンドタワーは国内でもっとも完全な姿で残るもののひとつ。

ビジターセンター

Glendalough, Co. Wicklow, A98 HC80／📞(0404)45352、45325
https://heritageireland.ie/places-to-visit/glendalough-visitor-centre
🕘9:30〜18:00（10月中旬〜3月中旬17:00）、12/23〜29休／💰大人€5、シニア€4、学生・子ども€3／MAP📍P.16[C-1]
◎教会跡地へはいつでも無料でアクセス可
◎ビジターセンターに入場しない場合は駐車場有料（5〜9月、10〜4月の土日曜・祝日€4）

# Around Dublin
### ダブリン周辺

左から／古代よりアイルランドの聖地だった場所。視界をさえぎるものはなにもない。／晴れた夏の日の夕暮れには丘一面が燃えるように染まることも。／丘は羊を放牧する牧草地の一部。地元の人たちがひんぱんにウォーキングにやって来る。

# Hill of Tara 【タラの丘】

## 古代アイルランドの聖なる地へ

　アイルランド島全体の約4分の3が見渡せると言われる丘。まさか？と思うかもしれませんが、丘の中央に立ってみるとあまりの見通しのよさに驚くことでしょう。その昔、ケルト人はここで王を決める儀式をしました。ぽつんとある立石はその時に使われた「運命の石」。石に足をかけ、叫びが聞こえたらその者こそが王とされたそうです。

　アメリカの小説・映画『風と共に去りぬ』のタラ農場の名の由来になった場所でもあります。主人公スカーレットのアイルランド移民の父親は、故郷への想いを込めて農場に「タラ」と名づけたのですね。

Dunsany, Navan, Co. Meath, C15 P44W ／ 📞 (046) 9025903
https://heritageireland.ie/places-to-visit/hill-of-tara
🕙 ビジターセンター10:00〜18:00（最終入場17:00）
◎丘へは一年中いつでも無料でアクセス可／MAP 📍 P.16 [A-1]

---

☕ 休憩にぴったり

## Maguires Café
【マグアイアーズ・カフェ】

地元の人に大人気の丘のふもとのカフェとクラフト・ショップ。具だくさんのベーグル・サンドイッチ、焼きたてスコーンがおすすめ。

ベーコン、目玉焼き、チーズ、トマト入りのブレックファースト・ベーグルが人気。

📞 (046) 9025534
https://www.taracafe.ie
🕙 9:30〜18:00（ラストオーダー17:30）、一部祝祭日休

# Atlantic Coast

素朴でワイルドな西海岸エリア

# Wild Atlantic Way
【ワイルド・アトランティック・ウェイ】

ワイルド・アトランティック・ウェイきっての断崖の名所スリーヴリーグ (P.100)。

## 西海岸の絶景とかわいい町へ

　大西洋に面したアイルランド西海岸は、手つかずの荒々しい自然と土着の伝統文化が色濃く残るエリア。ライフスタイルもゆっくり穏やか、点在する町や村には首都ダブリンとは違った魅力があります。「ワイルド・アトランティック・ウェイ」とは、そんな大西洋岸のスポットをひと続きに結ぶ全長2,500kmの世界最長の海岸道路。北はドニゴール県イニシュオーエン半島のマリン・ヘッドから、南はコーク県キンセール (P.146) まで。息を呑む絶景に加え、歴史、文化、食、人々との触れ合い、自然のなかでのアクティビティも楽しめます。なかには人里離れた行きにくいエリアもありますが、時間をかけてでも行ってみてほしいおすすめのスポットをご紹介します。

上から／両手を広げて大自然を抱きしめたい！そんな瞬間にいくつも出合える。アキル島にて。／レンタカーでのドライブ旅行もおすすめ。グレンベイ国立公園 (P.102) 周辺。

ルート上の188のビュー・ポイントにこのモニュメントが建つ。

Malin Head
マリン・ヘッド

Glenveagh National Park
グレンベイ国立公園

Ardara アーダラ

Slieve League
スリーヴリーグ

Downpatrick Head
ダウンパトリック岬

Mullaghmore Head
マラグモア岬

**北西部**

Strandhill
ストランドヒル

Sligo Town
スライゴ・タウン

Westport
ウェストポート

**西部**

Wild Atlantic Way

Galway Town
ゴールウェイ・タウン

野の花が咲き乱れる夏の大地。イェイツ・カン
トリー（P.90）のマラグモアにて。

Aran Islands アラン諸島

Cliffs of Moher
モハーの断崖

1,400kmの海岸線に周遊路を
加えて2,500km。ジグザグのロゴ
は波がモチーフ。

Dingle Peninsula
ディングル半島

**南西部**

Dingle Town
ディングル・タウン

Skellig Michael
スケリッグ・マイケル

**南部**

Cork City
コーク・シティ

Kinsale
キンセール

Beara Peninsula
ベラ半島

83

### 詩人の心のふるさとを訪ねて

テーブルマウンテン型のベンブルベン（P.87）、お椀をふせたような形のノックナリー山（P.93）が海をバックに見えてきたら、北西部の入り口スライゴです。詩人 W.B.イェイツ（P.86）が心の故郷としたイェイツ・カントリーの基点となる町です。

町の中心を流れるガラボウグ川。泥炭地を流れてくるため川は茶色に見えるが、水は澄んでいる。

# Sligo Town 【スライゴ・タウン】

緑の大地を見下ろすようにそびえる石灰岩の山ベンブルベンは、この町の父なる山。

## Access

🚌 ダブリンからBusEireannバスで約3時間40分／€21〜
🚂 ダブリンから列車で約3時間10分／€14.79〜
MAP📍P.18[B-1]

## 🛍 店の名前はイェイツの詩

# The Cat & The Moon
【ザ・キャット＆ザ・ムーン】

メイド・イン・アイルランドの選りすぐりの雑貨やジュエリーが見つかるショップ。スライゴの町の名「貝殻が多い場所」にちなむ海のモチーフのジュエリーは、オーナーのマティーナ・ハミルトンのデザイン。地元作家によるガラスや陶器の小物や、イェイツの詩をデザインしたカードやパネルも素敵。オーナーの自然やアートを愛する気持ちがショップ全体にあふれています。

海辺で拾った波が砕いた貝殻がモチーフ。シルバーとパールのネックレス€104。

ネコ好き、小鳥好きの友へのギフトに思わず手に取った、地元の陶芸家ミシェル・バトラーの陶器のブローチ€14。

▌ 4 Castle Street, Sligo, F91 P863／📞(071)9143686
https://www.thecatandthemoon.ie／⏰ 9:00〜18:00、日曜・一部祝祭日休／MAP📍P.18[B-1]
◎2階は地元アーティストの作品を展示したアート・ギャラリー

## ☕🍴 親子3代にわたるファン多し
# Lyons Café & Bakeshop
【ライオンズ・カフェ・アンド・ベイクショップ】

19世紀創業のデパート併設のカフェとして1926年より営業。カウンターで注文するカジュアルな食堂スタイルながら、食事は天下一品。地元産の食材にヨーロッパ、中東、アジアのテイストを加えてひとひねりしたサンドイッチやサラダは、ほかに類を見ない味と風味のものばかり。1階ベイクショップの焼き立てパンやスイーツも食べずに去ることはできないおいしさです！

上・ランチ・メニューは12:00〜。平日も地元の常連客でにぎわう。／右・ブラックチェリーのベイクウェル・タルト€5が私のお気に入り。

Quay Street, Abbeyquarter North, Sligo, F91 V2AH
📞(071)9142969、ベイクショップ📞(071)9138006
https://lyonscafe.com
🕗8:30〜18:00、日曜・一部祝祭日休
MAP📍P.18[B-1]

## 🍺🍴 食事が絶品！創業150年のパブ
# Hargadon Bros
【ハーガドン・ブロス】

1868年の創業以来、町の歴史を見守ってきた古いパブ。磨き込まれた大テーブル、石造りの床、壁に並べられた素焼きの壺が、食料雑貨店、さらには酒屋としてはじまった創業当時の面影をしのばせてくれます。

ガストロパブとしても定評があり、地元食材を使った素朴な伝統料理は高級レストランをしのぐ味。サーモンの旨味が沁みわたるシーフード・チャウダー€9はここへ来たらぜひ味わってほしい一品。近年、海藻食の伝統が見直されているスライゴらしいご当地メニュー、タコと海藻のサラダ€19もおすすめです。

上・ギネス片手に午後のひとときを静かに楽しむ女性客。カフェ代わりにパブでくつろぐ。／右・クリーミーだけどさっぱり、海の香りがただようシーフード・チャウダーとギネス。

4&5 O'Connell Street, Sligo, F91 YY39
📞(071)9153709／http://www.hargadons.com
🕐13:00〜23:30(金土曜24:30)、日月曜・一部祝祭日休
MAP📍P.18[B-1]

メイン・ストリートに面した老舗パブはグリーンの看板が目印。

「イェイツ・トレイル」の数字が表示された立て看板。

# Yeats Country
【イェイツ・カントリー】

## 遠い民話や
## 神話が聞こえる

　「イェイツ・カントリー」と呼ばれるスライゴ・タウン周辺は、詩人イェイツの詩作の源となった山や湖、史跡など、神秘的なスポットの宝庫。イェイツが魅せられた「Other World（異界）」がすぐそこにあるような気がしてきます。

*There are no strangers here;*

*Only friends you haven't yet met*

ここには他人はいない。
これから出会う
友がいるだけだ

イェイツゆかりのサイト14箇所の位置と説明が表示される「Yeats Trail」アプリあり。
**https://www.yeatstrail.ie**

死後50年の1989年建立のイェイツ像。全身に本人の詩が刻まれているがユニーク。

## William Butler Yeats
ウィリアム・バトラー・イェイツ（1865-1939）

ダブリン生まれの国民的詩人・劇作家。子ども時代に多くの時間を過ごした母親の故郷のスライゴの自然や伝承をテーマにした作品を数多く残す。民話や伝承の収集にも力を注ぎ、『アイルランドの民話集』を編纂。ケルト思想に傾倒、日本の能に共通点を見出し、能仕立ての戯曲『鷹の井戸』も執筆した。1923年、アイルランド人として初のノーベル文学賞を受賞。

ケルト魂を呼び起こすリバイバル運動の立役者でもあったイェイツはアイルランド人の誇り。

### バラになったイェイツ

　2015年にイェイツ生誕150周年を記念して、北アイルランドのディクソン園芸所が作出した新種のバラ「W.B.イェイツ」。イェイツが好んだワイルドローズと、詩に登場する赤バラをイメージ。ドラムクリフ教会駐車場の花壇で見られます。

教会のカフェで募った寄付金により植えられた、人々の想いが込められたバラ。

角度により表情を変え、まったく別の山のように見せてくれるのがこの山の醍醐味。

## 📍 異界へ続く神秘の山
# Benbulben
【ベンブルベン】

イェイツ・カントリーのなかでも圧倒的な迫力を見せつけるのが、スライゴ・タウン北側にそびえる高さ526mの巨大な岩のかたまり、ベンブルベン。土地の伝説によると山の中腹に異界への出入り口があり、闇夜にまぎれて妖精たちが行き来するのだとか。

https://www.discoverireland.ie/sligo/benbulben
🚗スライゴ・タウン周辺のどこからでも見晴らせるが、ベスト・ビューはゴータロウィ・フォレスト・レクリエーション・エリア（Gortarowey Forest Recreation Area）周辺や、グレンジ（Grange）北のN15号沿い
MAP📍P.18[A-1]

## 📍 ベンブルベンのふもとに眠る
# Drumcliffe Church
【ドラムクリフ教会】

詩人イェイツはこの小さな教会の墓地に眠っています。シンプルな墓碑は「ベンブルベンのふもとで (Under Ben Bullben)」という自身の詩の一節。教会扉の白鳥のモチーフもイェイツの詩にちなむもの。道路近くにある1000年前に建てられた貴重なハイクロス（P.11）もお見逃しなく。美しいケルト文様やアダムとイヴの彫刻がきれいに残っています。

Drumcliffe, Co. Sligo, F91 PK50
📞(071)9143815／http://drumcliffechurch.ie
🕐【教会】9.00〜18.00、礼拝は日曜12.00〜、不定休。
【教会敷地】常にオープン／MAP📍P.18[B-1]

自作の墓碑銘は「生と死を冷たい視線で見よ、旅人よ速やかに去れ」（壺齋散人訳）

父方の祖父はこの教会の牧師だった。イェイツの先祖のルーツへの強い想いがここに。

87

バライト採掘夫の子どもたちが通った学校が365mの崖のふもとに廃墟となって残る。

## 📍 パワーストーンが眠る秘境
# Gleniff Horseshoe
【グレニフ・ホースシュー】

　ベンブルベン北側のホースシュー（馬蹄）型のミニ周遊路。そびえ立つ断崖の迫力と静けさに思わず言葉を失います。かつてこの山では工業用のバライト（重晶石）が採掘されていました。バライトは夢の世界に関係が深いとされるパワーストーン。風にまきれて自然の癒しが降り注いでくるような気がします。

https://www.discoverireland.ie/sligo/gleniff-horseshoe
🚗 クリフォニー（Cliffoney）の北2km先の交差点を右折。標識あり。1周約10km／MAP📍P.18[A-1]

## 📍 山のなかの静けさと激しさ
# Glencar Lake & Waterfall
【グレンカー湖と滝】

　ダートリー山脈（Dartry Mountains）山麓の森に囲まれた、鏡のように美しい湖。せせらぎの音に誘われて遊歩道をのぼっていくと、湖の静けさとは対照的に激しく水音を立てる落差15mの滝が。雨のあとはとくに迫力満点。その勢いはイェイツの詩「さらわれた子ども（Stolen Child）」のなかにもうたわれています。

イェイツが子どもの頃に訪れた思い出の地。
詩に詠まれた妖精が今も眠っていそうな気配。

Glencar, Co. Lietrim／https://leitrimtourism.com/treasured-landscapes/glencar-waterfall
🚗 スライゴ・タウンから北東へ約10km ◎駐車場、公共トイレあり／MAP📍P.18[B-1]

水質のよさを誇る
1.15㎢の湖はスラ
イゴ隣りのリートリ
ム県との県境。

## ☕ おばあちゃんのキッチンが原点

# The Jam Pot Cafe
【ザ・ジャム・ポット・カフェ】

パブしかなかった小さな村に2017年にオープン。今や村に欠かせない地元の人たちのグルメ・スポットに。子どもの頃におばあちゃんが作ってくれた素朴なおやつが原点という、オーナーシェフ、オーラが手がけるスイーツはどこかなつかしい味。具材の組み合わせが抜群のトーストサンドイッチや、週末の夜に登場するボリューム満点のバーガーもおすすめです。

上・素朴なスポンジに新鮮な生クリームとイチゴのジャムがたっぷりはさまったミニ・スポンジ€4.5が人気。／右・明るくポップな内装の店内。

The Diamond, Grange, Co. Sligo, F91 D9CH
📞(071)9327057
https://www.instagram.com/thejampotcafe
🕐10:00〜16:00(金土日曜20:00)、月火曜・一部祝祭日休
MAP📍P.18[A-1]

## 🏠 朝食の手作りスコーンが絶品

# Lissadell Lodge
【リサデル・ロッジ】

ほとんど全室ベンブルベン・ビューだけれど、予約のときに希望を伝えておくとベター。

イェイツ・カントリーの真っ只中にある、ベンブルベンを見晴らすB&B。緑に囲まれた静かな環境と、ホストのリンダの気さくな人柄ゆえにリピーターも多し。リンダが毎朝手作りするスコーンはしっとりときめが細かく、どこのベーカリーも太刀打ちできないおいしさ。観光の穴場スポットや近くのレストランのおすすめもリンダが教えてくれるので聞いてみて。

Ballygilgan, Carney, Co.
Sligo, F91 R662
📞(071)9173622
http://lissadelllodge.ie
🛏 シングル€75〜、ダブル€85〜、ツイン€100〜(朝食つき)／全6室
MAP📍P.18[A-1]

スコーンを食べる時にはバターをたっぷりつけて!

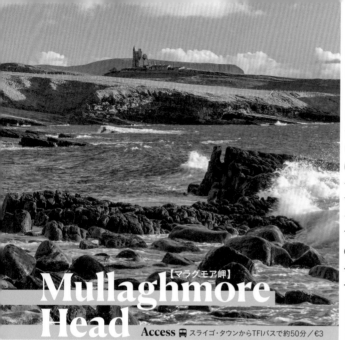

# Mullaghmore Head
【マラグモア岬】

**Access** 🚌 スライゴ・タウンからTFIバスで約50分／€3

## 貴族の館と
## ビッグ・ウェイブ

漁村風情が残るのどかな集落と、むき出しの岩場の景色がコントラストを成す風光明媚な岬。夏はビーチでたわむれる行楽客が、冬は高さ15mにもなるビッグ・ウェイブを求めて世界のサーファーたちが集います。高台にそびえるように建つのは、この地を愛した故マウントバッテン伯爵(※)が晩年夏の別荘としたクラッシーボーン城。その姿はまるでおとぎの国へのゲートハウスのようです。

※英チャールズ3世国王の大叔父。第2次大戦時の海軍大将であり、最後のインド総督。1979年8月27日、マラグモアで休暇中、IRA暫定派の爆弾テロの標的となり死亡。

---

🍴 獲れたての海の幸が味わえる

## Eithna's By The Sea 【エスナズ・バイ・ザ・シー】

海の幸豊富なこの地に店を構えること30年以上、地元の食文化をけん引し続けるオーナーシェフ、エスナ・オサリヴァンのシーフード・レストラン。生牡蠣、ムール貝、目の前の港であがる活きのいいロブスターなど素材のよさと鮮度を最大限に活かした料理はシンプルで味わい深いものばかり。海藻入りパンや海苔を使ったデザートも驚くほどのおいしさです。

このエリアで人気の壁画アーティスト、バリー・スウィーニーが手がけた店の外壁一面のビビッドな海

左・オイスターの旬はここでは夏。／右・海藻入りパンも食べてみたい。

The Harbour, Mullaghmore, Co. Sligo, F91 FF24／📞 (071)9166407
https://www.eithnasrestaurant.com
🕐 ランチ12:00〜15:00、ディナー17:00〜19:30、月火水曜・一部日曜・一部祝祭日休、冬期(10月頃〜イースター頃)休業 ●時間は不定期に変わるため、事前にウェブサイトで要確認。◎人気店のため要予約。MAP 📍P.18[A-1]

---

🍦 アイルランドいちおいしい99コーン

## Paddy's Place 【パディーズ・プレイス】

天気のいい夏の日には行列ができる村の小さな雑貨店。人々がこぞって買いに来るのは雑貨ではなく、アイルランドいちおいしいと噂の99(ナインティーナイン)こと、ソフトクリーム€2.5！濃厚だけどさっぱりしているので、大きなコーンもペロリ。わざわざ食べに足を運ぶ価値あり、です。

ソフトクリームに「99フレーク」チョコをちょっくり刺すことからついた呼び名。

The Harbour, Mullaghmore, Co. Sligo, F91 YK4V.
📞 (087)2914079
🕐 8:00〜18:00、冬期(10月下旬〜イースター頃)休業
MAP 📍P.18[A-1]

## アトランティック・コーストで
# アクティビティ体験

美しい自然は見ているだけじゃもったいない！
アウトドア志向が高まるアイルランドには
旅行者が気軽に体験できる
アクティビティが数多くあります。

©Elle Davin

### 大西洋の波乗りのメッカ
# Surfing 【サーフィン】

　アイルランド西海岸は世界のサーファーあこがれの地。初心者向けの安全なビーチから上級者向けのリーフまで大西洋岸一帯にスポットが点在。水質汚染のない美しい海を満喫できるのも大きな魅力。はじめてでもサーフスクールで一から教えてくれるので、ぜひトライしてみて。

#### おすすめサーフスクール

**Ben's Surf Clinic** ベンズ・サーフ・クリニック

Promenade, Lahinch, Co. Clare, V95 X7X6／☎(086)8448622
http://www.benssurfclinic.com

**Bundoran Surf Co** バンドーラン・サーフ・コー

Main Street, Bundoran, Co. Donegal, F94 XK6R／☎(071)9841968
https://bundoransurfco.com

€ビギナー・レッスン€40〜(道具一式含む)、120分(上記2スクール共通)

### 海辺の絶景を馬で駆ける
# Horse Riding 【乗馬】

競走馬、種牡馬の産地として世界的に知られるアイルランドは乗馬もさかんで、美しい海辺を走るビーチ・ライディングがおすすめ。

海風を全身に浴びながら引き潮のビーチを気持ちよく駆ける。マラグモア岬(P.90)にて。

#### おすすめ乗馬スクール

**Island View Riding Stables**
アイランド・ビュー・ライディング・ステイブルズ

Mount Temple, Grange. Co. Sligo, F91 N4T1
☎(071)9166156／http://islandviewridingstables.com
€2泊3日コース、レッスン計5時間€450〜(宿泊、ブーツ、ヘルメット含む)

**Donegal Equestrian Centre** ドネゴール・エクエストリアン・センター

Finner Rd, Bundoran, Co. Donegal, F94 E722
☎(071)9841977／https://donegalequestriancentre.com
€ビギナー・レッスン1時間€50〜(ブーツ、ヘルメット含む)

### 注目度ナンバー・ワン！
# Coasteering 【コースティアリング】

　崖から海に飛び込んだり岸壁をよじ登ったりしながら海岸線を移動していく、ワイルドな海を身近に感じられる人気のアクティビティ。

#### おすすめ催行会社

**Causeway Coasteering**
コーズウェイ・コースティアリング

Portrush, Co. Antrim, Northern Ireland,
BT56 8GP／☎(078)72537550(国番号44)
http://www.causewaycoasteering.com
€2時間£40〜(ウェットスーツ、ヘルメット含む)

**Real Adventures**
リアル・アドベンチャーズ

Clifton, Connemara, Co. Galway,
H71 AX74／☎(085)1462526
https://realadventures.ie/connemara
€2時間半€60〜(ウェットスーツ、ヘルメット含む)

約20mの崖から海へジャンプ！鉛筆のように身体を一直線にすると痛くない。

©Causeway Coasteering

## とっておきの海辺のビレッジ

　陽の光を受けて刻々と色を変える海と空。コーヒー片手にベンチに座り、じっと海を見つめている人をよく見かけます。1日のどの時間でも、晴れの日でも嵐の日でも、ここへ来れば楽しみがある。海辺のカフェ、フレンドリーなサーファーたち、伝説の女王が眠る丘。期待に胸をふくらませて訪れたい小さなサーフ・ビレッジです。

# Strandhill 【ストランドヒル】

サーフィンが盛んなビーチと、天然のリンクス・ゴルフ・コースが小さな集落に隣接。/夕暮れ時も美しい。ビーチフロントの大砲は英国支配時代の砲兵隊の置きみやげ。

**Access**
スライゴ・タウンからBusEireannバスで約15分／€1.9〜
MAP📍P.18[B-1]

## ☕ あこがれのビーチライフ
# Shells Café & Little Shop
【シェルズ・カフェ&リトル・ショップ】

　アート、サーフィン、旅が好きなマイルズとジェーンのカフェ&ショップ。海辺のライフスタイルを書いた2人のレシピ本「ザ・サーフ・カフェブック（The Surf Cafebook）」が話題を呼び、今やシェルズなしにストランドヒルは語れない！と言われるほど人気。カラマリのタイ風サラダ€9.5、ひよこ豆のベジバーガー€12.5、グルテンフリーのチョコケーキ€4.5など伝統にとらわれないヘルシー志向のメニューでサーファーも子連れのファミリーもみんなハッピーに。店内には地元産食材、一点もののハンドメイド・ジュエリーやクラフトも。こんな暮らしをしてみたい！と思わせる、あこがれのスポットです。

2010年、この場所を偶然見つけ、ひと目でここが居場所とわかりカフェを開いたそう。

ベジバーガーに添えられた自家製レリッシュが美味。ベジタリアンでなくとも食べてみたい！

焼きたてスイーツに目移り。季節のフルーツのベイクウェルタルトがおすすめ。

Seafront, Strandhill, Co. Sligo, F91 EF40
📞 (071) 9122938／http://www.shellscafe.com
🕘 9:00（ショップ8:30）〜18:00、一部祝祭日休
MAP📍P.18[B-1]

## 📍 女王の山をハイキング
# Knocknarea
【ノックナリー】

ストランドヒル海岸の背後にそびえるお椀を伏せたような形の山。ふもとから片道50分ほどの手軽な山登りが楽しめます。のぼり坂で息が切れたら、ひと休みして後ろを振り返ってみて。海と山の大パノラマがいっきに疲れを吹き飛ばしてくれます。

山頂にある巨大な石積みは先史時代の古墳。伝説によると昔この地を治めたメイヴ女王が武装したまま埋葬されているそう。

上・山の名はアイルランド語で「女王の丘」の意味。ベンブルベンが男岳ならこちらは女岳？／左・高さ327mの山頂付近は岩がごろごろ。地元の人々も散歩がてらに登りに来ます。

🚶 ストランドヒル海岸から徒歩約20分のところにある、R292沿いのDolly's Cottage（F91 R2T5）ほぼ向かいの「Queen Maeve Trail」入口から登るのがおすすめ。
https://sligowalks.ie/walks/qmt／MAP 📍P.18[B-1]
🥾ハイキングは往復約6km、高低差300m。雨のあとは足元注意

---

## 📍 秘密の谷をのぞいてみよう
# The Glen 【ザ・グレン】

ノックナリー山腹にひそむ妖精が棲むと噂される谷。「フェアリー・グレン（妖精の谷）」とも呼ばれ、石灰岩の割れ目に沿った約1kmの細長い空間は秘密のトンネルそのもの。草木に覆われた入り口に身をすべりこませ、小さな人々の気配に耳を澄ませながら小道を進んでみてください。やがて天空が開け、目の前にあらわれる自然の大ホールに思わず息をのむことでしょう。

上・谷の奥に開けた秘密の空間は地元の人もあまり知らない穴場スポット。／右・夏を彩るホクシャの花も、ここでは妖精が忘れて行ったイヤリングに見えてくる。／下・木に結びつけられたターザン・ウィング。童心にかえって遊びたくなる！

草木に覆われた谷の入り口は標識なし。道の向かいにある石の水場が目印！

🚗 ストランドヒルからノックナリーへ向かう途中の「Knocknarea」のサインを左へ。約300m走り道路左脇にある白い石の水場が目印。道路をへだててほぼ向かいが谷への入り口
MAP 📍P.18[B-1]
🥾雨のあとはぬかるむので足元注意

93

## 海藻で心も身体もデトックス
# VOYA Seaweed Baths
【ボヤ・シーウィード・バス】

湯はアイルランド人好みの
ぬるめに張ってあるので蛇
口をひねって好みの加減に。

アイルランド西海岸に古くから伝わる民間療法に、沸かした海水に採れたての海藻をひたして浸かるシンプルな健康法があります。海藻風呂（シーウィード・バス）と呼ばれるこの療法は、皮膚病やリウマチに効果があるのはもちろん、海で働く人々の日々のリラクゼーションでもありました。

そんな海辺のライフスタイルを現代に復活させたのがボヤ。世界でも有数の水質を誇るストランドヒルの海藻を使ったとびきりヘルシーな入浴法。アイルランドの海の恵みが心も身体もときほぐしてくれます。

入浴時間は50分間。全室個室（ダブル／ツイン風呂もあり）で、シャワー、スチーム・ルーム、タオル、シャンプー＆コンディショナー完備。バスタブに張られた湯は目の前に広がる大西洋の海水を沸かしたもの。はじめは無色透明ですが、海藻のエキスで徐々に茶色くなり、ゼリー状のぬめりが出てきます。入浴後は肌はツルツル、髪はスベスベになるのでお楽しみに！

浴室は薄暗く、香り
のいいキャンドルも
たかれリラクゼーシ
ョン効果大。

### より楽しむための 注 意 と ア ド バ イ ス

**入浴前**

予約時間の15分前を目標に到着を。

**入浴中**

脱水症状を防ぐため、水はこまめに飲んで（持参またはレセプションで購入）。ときどき湯船からあがり、数分間スチーム・ルームへ入るのを繰り返すと効果的。海藻は食べてもOK。オーナーのニールはいつも食べながら浸かるそう！

**入浴後**

風呂の栓を抜き、海藻は備えつけのバケツへ（オーガニック・ファームで使用される）。ヌルリとした感触を肌に残しておく方が効果的ですが、気になる場合はシャワーで洗い流してもOK。汗が出て衣服が体にまとわりつくので、ゆったりした服装で出かけたほうが安心。

## 海藻巻きエステのすすめ

シーウィード・オイルを使ったトリートメントもありますが、ここへ来たらぜひフレッシュな海藻の葉を使ったエステを体験してみて。顔をラッピングするフェイシャル（30分、€45〜）は、肌が引きしまり小顔効果が期待できます。ボディ・ラップ（75分、€90〜）はリラックス効果大。陸にいながら、まるで海の底に沈んでいくような静かな快感に包まれます。

海藻に含まれるヨードが毛穴に詰まった皮脂や汚れを溶かし、新陳代謝もよくしてくれる。

## 世界初の オーガニック海藻コスメ

世界42か国の高級ホテルやエステで使われ、絶賛されるボヤ・オリジナル・コスメや乾燥シーウィードをおみやげに。

### Handy to Have
【ハンディ・トゥ・ハヴ】

のびがよくべたつかないハンド・クリーム。ほのかな海藻の香りに癒される€20。

### Lazy Days
【レイジー・デイズ】

自宅でシーウィード・バスを再現できる、乾燥させた海藻と海の塩のセット€26。

### Pearlesque
【パーレスク】

肌がうるおい、呼吸しているのが感じられる保湿クリーム€64。

### Balmelicious
【バウメリシャス】

唇に元気がよみがえるオーガニック・リップ・バーム€14。香りはレモン&ライム、バニラ&ミントの2種類。

## 海藻はどこから来るの？

ストランドヒル近郊の環境保護区に隣り合う水のきれいな海岸で、特別な採取許可のもと、再成長する余地を残してナイフで丁寧にハンドカットされます。ヨーロッパでもっとも人口密度の低いアイルランド西海岸は、海がほとんど汚染されないため、良質の海藻が元気いっぱいに育ちます。

## 海藻ライフを現代に復活させたボヤ

海藻風呂の歴史は18世紀に遡ります。ストランドヒルに9軒あった施設も時代とともに減り、最後に残った1軒も1960年代のハリケーンで破壊。

時が経ち90年代。プロのアスリートとして活躍していたニール・ウォルトンさんは、海藻による入浴法で体質改善の効果を実感。そのデトックスとヒーリング効果に強い確信を持ち、現在のボヤにつながる海藻ビジネスを立ち上げ、2001年には40年ぶりにストランドヒルに海藻風呂が復活。現在ボヤは、海藻の効能を伝え、健康な暮らしと海や自然環境を守る活動の発信源となっています。

毎朝フレッシュなものを収穫。バス用、エステ用に異なる海藻を見極めて必要量だけ採る。

ボヤは家族経営。海藻の効能が広まることを願い、旅を意味する「ボヤージュ」に由来。

Strandhill, Co. Sligo, F91 FYW3
(071) 9168686
http://www.voyaseaweed
baths.com
10:00〜18:00、一部祝祭日休
シーウィード・バス 50分間、€35〜
要予約
MAP P.18[B-1]

もっとも形よく残るドルメンのひとつ。巨石は古代に氷河が運んできた他地域の片麻岩。

📍 太古の石の記憶をさぐる
# Carrowmore Megalithic Cemetery
【キャロウモア巨石古墳群】

国内でもっとも古い先史時代の遺跡群のひとつ。点在する30のドルメン（支石墓）や列石には6000年以上も前の古い記憶が封じこめられています。リシュトギル（ListoghilまたはTomb51）と呼ばれる中央の巨大な盛り土を中心に、古墳と周囲の山々がすべて直線で結ばれるよう設計されているのがこの遺跡のすごいところ。目を凝らすと、遠くの山々の頂にもそれぞれ塚が。古代人の壮大なスケールに胸が打ち震えてきます。

リシュトギル内部には長い間謎に包まれていた石室があります。近年の調査により1年の決まった時期にのみ太陽の光を映し出すライトボックスであったことがわかり、その神秘が世界を驚愕させました。

夏草がきれい。背後にそびえるノックナリー（P.93）山頂にも古墳あり。

## 魔女と妖精の伝説

山に住む風の魔女クルースナベアがばら撒いた石でキャロウモアが建設されたというのが土地の伝説。詩人イェイツは「妖精の集団がノックナリーからクルースナベアの墓場を越えてやってくる」と書いています。ここも妖精の通り道かも？

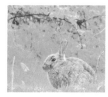

左・リシュトギル内部の石室。先端の尖った石のトリックで、上部の石の下に光の線ができる／下・春には野ウサギも姿を見せる。

Carrowmore, Co. Sligo, E91 E638／📞(071)9161534
https://heritageireland.ie/places-to-visit
carrowmore-megalithic-cemetery
🕐10:00〜18:00（最終入場17:00）、
　11〜3月休（一部古墳は道路から見ることができる）
💶大人€5、シニア€4、学生・子ども€3／MAP📍P.18[B-1]

# 不思議な線上に並ぶ4つの巨石古墳

アイルランドは古代遺跡の宝庫です。巨石を使ったさまざまなタイプの史跡が各地に点在し、その密集度はヨーロッパいち。新石器時代から青銅器時代（紀元前4500～500年）にかけての古墳だけでも1000基にのぼります。

とくに目を引くのが紀元前3000年前後に建設されたパッセージ・トゥーム（羨道墳）(P.10)。入り口から続く細い通路の奥に石室があり、全体が大きく盛り土で覆われています。パッセージ・トゥームのなかでもっとも有名なのが、ダブリン近郊ボイン渓谷にあるニューグレンジ[※1]。丘の上に建つ直径約80m、高さ12mの巨大な建造物。大きさだけでも圧倒されますが、もっとも驚くべきは入り口上部にひらけた天窓の仕掛け。ここから冬至の朝に差し込む太陽の光が、普段は光の届かない墓室に届くよう設計されているのです。

そして、ニューグレンジから北西へ向けて地図上に弓型の弧を描くと、約200km先にキャロウモア(P.96)、さらにその線上にもう2つのパッセージ・トゥーム、ロッククルーとキャロウキールが重なります。

©The Glen Gallery

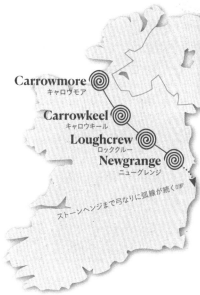

Carrowmore
キャロウモア

Carrowkeel
キャロウキール

Loughcrew
ロッククルー

Newgrange
ニューグレンジ

ストーンヘンジまで弓なりに弧線が続く[※]

ニューグレンジの見学ツアーでは墓室に光が差し込む様子を再現して見せてくれる。／MAP 📍 P.16[A-1]

弧線で結ばれた4つの古墳の墓室は、異なる季節と時間に太陽光線に照らされます。ニューグレンジは冬至の朝、ロッククルーは春分・秋分の朝、キャロウキールは夏至の夕方。そして長い間、太陽光線とは無縁とされていたキャロウモアの中央墳墓リシュトギルにも、古代歴の冬のはじまりと終わりの時期[※2]に朝の光が差し込むことが近年明らかにされました。

神々しい光は死者を弔い、季節をめぐってアイルランドの大地を駆け抜け、壮大な天体ショーをくり広げているのでした。

---

※1 ニューグレンジを含む「ボイン渓谷の遺跡群」は世界遺産
※2 10月31日前後、2月10日前後

## 素朴な人々が暮らすツイードの里

アイルランド最北西のドニゴール県に、かつてツイードの集散地として栄えた小さな村があります。引き継がれる伝統と、息をのむ大自然に囲まれた人口600人の集落。素朴な人々が日々の営みを大切にして暮らす姿がそこにあります。

# Ardara
【アーダラ】

**Access**
🚌 ダブリンからBusEireannバスでドネゴール乗り換え、アーダラへ4時間35分～／€31.5～

坂の村アーダラのメイン・ストリート。暮らしに必要なものはすべてこの通りでそろう。

## 🛍 名人の心を織り込んだ伝統の品々

# Eddie Doherty Handwoven Tweed
【エディ・ドハティー・ハンドウーヴン・ツイード】

15歳で機織りを覚えたというエディは、数少ない手織りの継承者。この道60年のマジックハンドの噂を聞きつけ、小さな店へ世界中から人々がやって来ます。ハリウッド女優サラ・ジェシカ・パーカーがふらり訪ねてきたことも。エディの息子とティーンエージャーの孫も、現在機織り修行中。確かな職人技が受け継がれています。

上・品のいいヘリンボーン柄のベッドスロー€200は、ずっしり見えるのに手に持つと軽やか。／右・実直でほがらかなエディの気質がそのまま織り込まれたようなカラフルなツイードベスト。

▌ Front Street, Ardara, Co. Donegal, F94 XT95／📞(087)6996360
http://www.handwoventweed.com／🕙10:00～18:00頃、一部祝祭日休／MAP📍P.17[B-2]
◎閉まっていたら2軒隣のドハティーズ・バー(Doherty's Bar)へ言うと開けてくれる

## 🍺 ギネスケーキ自慢の愛すべきパブ

# Nancy's Bar 【ナンシーズ・バー】

この地でツイード生産がはじまった1600年代より7代続く、由緒正しきビレッジ・パブ。家族の肖像、代々伝わる古い大皿、天井にぶらさがる無数のマグ。いったいどんなストーリーがあるのか、時を超えて想いがめぐります。

村いちばんのギネスはもちろん、牡蠣やシーフード・チャウダー、燻製サバなど新鮮な海の幸の素朴な料理が味わえるのもうれしい。秘伝のレシピでつくられる絶品チョコレート・ギネスケーキはしっとりフワフワのスポンジとほろ苦いギネスのハーモニーが絶品です！

左・天井の梁が田舎の民家を思わせる。村人も旅人も思い思いの時間を過ごしていくパブ。／右・チョコレート・ギネスケーキ€4.8。ギネスではじまり、ギネスのデザートでしめる！

▌ Front Street, Ardara, Co. Donegal, F94 AC04
📞(089)2440277／http://www.nancysardara.com
🕙12:00(日曜12:30)～23:30(金土曜24:00)、一部祝祭日休 ◎食事は21:00まで(10～2月は週末のみ)
MAP📍P.17[B-2]

# アーダラ周辺の自然スポット

## 📍 国内No.1のカッコいいドルメン

# Kilclooney Dolmen
【キルクルーニー・ドルメン】

数あるドルメンのなかで最大かつもっとも形がよいと言われるもの。長さが6mある巨大な石蓋は推定100トン。角度により鳥が飛び立つ様子、イルカ、ワニなどさまざまな姿に見えます。周辺は泥炭地のため、足元のぬかるみに注意。

Kilclooney, Co. Donegal
http://ardara.ie/attractions/kilclooney-dolmen
🚗 アーダラから7km。R261をNarin方面へ北上、聖コネル教会(St. Conal's Church, F94 E2N5)へ。民家との間の小道を300mほど進む。
MAP📍P.17[A-2]

1.8mという見上げる大きさ。5000年以上この地に佇む守り神のような存在。

## 📍 マイナスイオンを思いきり浴びたい

# Assaranca Waterfall
【エイサランカの滝】

地元の人の人気スポットで、この地のパワーの源であると言う人も。雨のあとは水音が響きわたり迫力満点！この滝を通り、マヘラ・ビーチへ至るロクロスベグ湾（Loughros Beg Bay）沿いの道は息をのむ美しさです。

Near Ardara, Co. Donegal
🚗 アーダラから8km。N56をKillybegs方面へ南下、「Waterfall」のサインを右折(15分)／MAP📍P.17[A-2]

©Dave O'Connor

左・こんな洞窟が付近に20以上。沖にあるものへカヤックで訪れる人も。／下・干潮時のビーチは印象派の絵画のよう。あらわになった淡い緑の岩はこの国最古の地層。

## 📍 秘密のビーチを探検してみる

# Maghera Strand
【マヘラ・ビーチ】

上・滝へ行く途中の道で虹を見る率高し！／右・20m程の高さから一気に流れ落ちる様子は圧巻。「Eas a'Ranca」の表記も

砂丘によってへだてられた密やかな砂浜。海水の透明度はヨーロッパで3本の指に入ります。ここへ行くのは干潮時がおすすめ。広がるビーチが空と海に溶け合うかのよう。岸壁にある洞窟から水が引き、なかまで歩いて入れます。

Meentashesk, Co. Donegal
🚗 アーダラから9km。エイサランカの滝の1km先に「Maghera Caves」のサインあり。駐車場からビーチまで400m
MAP📍P.17[A-2]

# Slieve League

【スリーヴリーグ】

📍 天空に広がる大パノラマ！

## Slieve League
【スリーヴリーグ】

　ダイナミックな絶景スポット。最果ての村を後にして、スリリングな坂道を歩いてのぼり、陸の終わりが見えたらそこがビューポイント。目の前に広がる600mの高さの断崖に思わず言葉を失います。移りゆく雲や果てしない海はどこか胸がキュンとなる景色。「巡礼の細道（Pilgrim Path）」と呼ばれる歩道をのぼり、さらに山頂を目指してみましょう。360度の大パノラマと、見たこともないような大きな空が待ち受けています！

Slieve League Viewing Platform, Teelin, Co. Donegal
🚗 キャリク（Carrick）からティーリン・ロード（Teelin Road）を約2km進み、小学校脇の「Slieve League Viewing Point」のサインを右折。専用駐車場（2時間€5）から徒歩25分（1.7キロ）。
◎ビジターセンターからシャトルバスあり。大人往復€6。
http://www.sliabhliag.com/visitor-centre
MAP📍P.17［B-1］

海の浸食により形成された鋭く切り立った断崖。ここでは空も雲も近い！

上／空と海の一部になって思い切り深呼吸！／左から／キャリクの断崖へ行く道の曲がり角には壁一面に標識が描かれているので見逃す心配なし。／湖と海が同じ高さに見える！夏にはヒースの花で覆われピンクの絨毯を敷きつめたよう。

子どもから大人までみんな大好きな甘〜いホット・チョコレート。

## 📍 海のロマンとワイルドライフ
# Sliabh Liag Boat Trips
【スリーヴリーグ・ボート・トリップ】

　この道30年の海の男、パディー船長が案内するボート・ツアー。迫力満点の断崖へ海から迫ります。周辺は野生のイルカやシャチの遊び場。5〜6月にはウバザメ（Basking Shark）もやって来るので運がよければ出会えるかも。天気のいい日にはツアーの途中に海水浴のチャンスあり。ぜひ水着とタオルを持参して。

Teelin Pier, Co. Donegal, F94 K542／📞(087)6284688
http://www.sliabhleagueboattrips.com
🕐10:00〜18:00(出発は2時間毎)、11〜3月休
💶1人€25[所要時間は当日のコンディション次第で90〜110分]／要予約／MAP📍P.17[B-1]

パディーのヌーラ・スター号で夏の日の楽しいボート・クルーズ！

©Dave O'Connor

## ☕ 最果ての移動カフェ
# The Pod 【ザ・ポッド】

　こだわりのハンドロースト・コーヒーと、やさしい甘さのホット・チョコレートが絶品。スリーヴリーグへの道の途中にある、旅人も地元ファーマーも元気にしてくれるうれしい休憩スポットです。

Largy View Point, Co. Donegal
(Kellybegs〜KilcarのR263沿い)
🕐10:00〜17:00頃、悪天候の日は休み
MAP📍P.17[B-2]

# Glenveagh National Park
【グレンベイ国立公園】

深い色をたたえる細長いベイ湖。庭園裏手の丘へ登ると古城と湖が一望のもとに。

## まさにドニゴールの真珠！

　氷河がつくったＶ字渓谷と湖を、広大な美しい公園が取り囲みます。原産のアカジカや、絶滅種を復活させたゴールデン・イーグルなど貴重な野生動物の生息地でもあります。

　19世紀に土地のオーナーが建てたロマンチックな古城と庭園が見どころ。ビジターセンターからシャトルバスが15分おきに出ていますが、森や湖を眺めながら3.5kmのウォーキングを楽しむこともできます。

　庭園には四季折々の花々と歴代の古城主が収集した珍しい植物があふれ、春から夏にかけて見事な美しさ。ガーデン・トレイルの案内版に沿ってぜひ散策してみてください。

　歩き疲れたら古城裏手のティールームへ。ホームメイドのスコーンやケーキ、サンドイッチの素朴なおいしさに心安らぎます。

上・夏の庭園を彩る大輪のポピーが華やか。古城は1870年代建造、土地所有者の夏の別荘。／左・島内でもとくに人の手が加えられていないため、動植物の楽園！

絵本に出てきそうなベニテングタケ。
©Naoko Caheny

Church Hill, Letterkenny, Co. Donegal F92 P993
📞(01)5393232／(087)6805173
https://www.nationalparks.ie/glenveagh
🕐【ビジターセンター】9:15〜17:30【城】9:45〜17:15
　　【ティールーム】10:00〜16:30(10〜3月休業)、一部祝祭日休
💶入場無料、シャトルバス€3、城見学ツアー€7
MAP📍P.13／P.17[A-2]

## 🛏 湖畔の宿でロマンチックな滞在を

# Harvey's Point
【ハービーズ・ポイント】

　1989年、この地の魅力にとりつかれたひとりのスイス人が小さなゲストハウスを開きました。あたたかいもてなしと夢のように美しい景色が評判を呼び、時を経て建物は新築され、今や国内有数の4ツ星ホテルに。アイルランドのミシュラン的存在、ジョージナ・キャンベルズ・ガイドの「2017年度ホテル・オヴ・ザ・イヤー」に輝いたことも。高級ホテルになった今も、オープン当初と変わらぬフレンドリーさが魅力。客室は驚くほど広く、その多くがジャグジーつき。館内のレストラン、バーも定評があり、宿泊客はもちろん地元の人でいつもにぎやかです。

　光を受けて刻々と色を変える湖を眺めながら、ゆったりくつろげる居心地抜群の宿です。

上から／開業当時はたった4室だった湖畔の宿も少しずつ増改築を続け現在は立派な建物に。／八角形のモダンなバーはウイスキーやカクテルの種類豊富。カジュアルな食事も楽しめる。

上・大きなベッドが小さく見える仏々した客室は都市部の4ツ星ホテルの倍以上の広さ。／左・ドニゴール産スモーク・ラム・ロースト。ディナーは4コースのセット・メニュー€65。

Lough Eske, Donegal Town, Co. Donegal, F94 E771
📞(074)9722208／https://harveyspoint.com
🛏 1室€238〜(朝食つき)／全64室
◎連泊割引あり／MAP📍P.13

夏の旧市街は毎日が祭りのよう。7月のアート・フェスティバルの頃はとくににぎわう。

【ゴールウェイ・タウン】
# Galway Town

## アイルランド人のお気に入りタウン

　コリブ川河口にひらけた人口8.5万人のゴールウェイは東のダブリンに対する西の都で、アラン諸島やモハーの断崖など西部の名所めぐり、西のゲールタクト<sup>(※)</sup>の起点。土着文化の影響が色濃く、看板にもちらほらアイルランド語が見られます。15世紀以降スペインとの貿易で栄えた港町気質が今も受け継がれ、新しいものにも敏感。新旧の文化が入り交じる小さな「異国」と呼びたい街です。

白鳥の群れと対岸にながめるカラフルな旧市街。

### Access
🚆 ダブリンから列車で2時間25分／€13.99
🚌 ダブリンからCitylink、GoBusで2時間半／€13〜

左から／常に歩行者天国の旧市街では若者たちのストリート・パフォーマンスが盛ん。／スペイン門と呼ばれる16世紀の石造りのアーチが港町の風情を伝える。／中世の面影を残す聖ニコラス教会は、1477年にコロンブスが詣でたと伝えられる。

※ゲールタクト＝母国語であるアイルランド語が日常的に使用される地域。

## 🍴 ヘルシーでおしゃれな料理に大満足
# Ard Bia at Nimmos
【アード・ビア・アット・ニモス】

古い建物をかわいらしく
見せるシャムロックのモ
チーフのメタル・ワーク。

その昔スペインからの貿易船が盛んに錨をお
ろしたコリブ川河口をのぞむ石造りの建物で身
体がよろこぶヘルシー・ダイニングが楽しめます。

肉厚の地元産スモークサーモンやハム、チー
ズなど身近な食材にひよこ豆やキヌアなどエス
ニックな食材を組み合わせ、オリジナル料理を
作りあげるシェフの腕とセンスに感服。伝統の
ブラウンブレッド、ブラウニーやリンゴのタルト
は毎朝オーブンから焼きたてが並びます。

上・ポーチド・エッグ、ひ
よこ豆のファラフェル、
焼いたハルミチーズと
旬の野菜がピリ辛のロ
メスコソースでひとつに
€13.5。／左・歴史を感
じさせる古い建物も街
の人々のお気に入り。

Spanish Arch, Long Walk, Galway H91 E9XA
📞(091)561114／http://www.ardbia.com
🕐10:00〜15:00、18:00〜21:00、一部祝祭日休
◎ディナーは要予約および月火曜休の場合もあるので
Webで要確認／MAP📍P.19[A-1]

## ☕ ゴールウェイっ子御用達のカフェ＆デリ
# McCambridge's
【マッケンブリッジズ】

左から／チャイとエスプレッソをミックスしたダ
ーティー・チャイ€4.1。甘さと苦さが程よくブレ
ンド。／スパイシーなンドゥイヤチキンのサンド
イッチもおすすめ。

地元の常連客も観光客もおいしいもの探しにやってくる。

1925年の創業以来、街のランドマークと
して親しまれるカフェ＆デリ併設の食料品店。
街歩きに疲れたら、店内カウンターでバリス
タが淹れるおいしいコーヒーをぜひ。デリの
サラダやオーダーメイドのサンドイッチは上
階のダイニングでイートインできます。メイ
ド・イン・アイルランドのチョコレートや食材、
ビールやウイスキーの品揃えも豊富なので、
おみやげ探しにも便利。

38-39 Shop Street, Galway, H91 T2N7
📞(091)562259／https://www.mccambridges.com
🕐7:30〜19:00、日曜祝日10:00〜18:00、一部祝祭日休
MAP📍P.19[A-1]

音楽演奏がはじまると狭い
店内に熱気がみなぎる。

🍺 本場のアイリッシュ・ミュージックを堪能

# Tig Cóilí 【チィ・コリー】

　店の看板にある「Ceol agus Craic（キョール・アガス・
クラック）」はアイルランド語で「音楽と楽しみ」の意味。伝
統音楽の生演奏を聴きたかったらぜひここへ。地元ミュー
ジシャンによるセッションが夕方と夜の2度行われ、本場の
熱い夜を体験できます。アコーディオン奏者のシャロン・
シャノンや「ルナサ」(P.71)のフィドラー、ショーン・スミスと
いった有名奏者がさりげなく演奏していることも。

Mainguard Street, Galway, H91 XR50
📞(091)561294
http://www.tigcoiligalway.com
🕙10:30〜23:30
　（金土曜24:30〜、日曜12:30〜23:00）、
　一部祝祭日休
◎セッションは基本18:00と21:30（変更あり）
MAP📍P.19[A-1]

## ゴールウェイ・オイスター

9月になると登場するゴールウェ
イ周辺の大西洋育ちの天然牡蠣。
丸くて平たい殻、コリッとしてさ
っぱりした食感は、太平洋地域
原産のゴツゴツした楕円形のク
リーミーな味わいのギガ（ロッ
ク）・オイスターとは形も味も別
モノ。養殖牡蠣のギガは1年中
食べられますが、ネイティブと
呼ばれるこの牡蠣は9〜4月限
定。ゴールウェイの街のレスト
ランでは毎年9月の最終週に行わ
れるオイスター・フェスティバル
（http://galwayoysterfestival.
com）に合わせて出まわります。
この時期にゴールウェイに居合
わせたらぜひ食べてみてほしい、
アイルランドの秋の味です。

養殖のギガとは違い食感はさっぱり。

本場の演奏を間近に聴くことができる。

🛍 オリジナル・クラダ・リングの老舗

# Thomas Dillon's Claddagh Gold
【トマス・ディロンズ・クラダ・ゴールド】

「三位一体」をあらわすトリニティ・ノットとクラダのデザインのシルバーネックレス€116。

大きなクラダ・リングの看板が目印。

1750年創業、国内最古の宝飾店で、クラダ・リングのオリジナル専門店。小さな店内は工房兼ショップで、奥のスペースにはモナコ王妃グレース・ケリーなどこの店のジュエリーを身につけた著名人の写真やゆかりの品が。リングはシルバー、9金、14金、18金の4種。素敵なデザインのクラダのネックレスもあります。

工房でもある小さな店内で完成品の最終の仕上げをするジュエリー職人ジョナサン。

1 Quay Street, Galway　H91 CP22
📞(091)566365
http://www.claddaghring.ie
🕐10:00〜17:00、日曜12:00〜16:00、
　一部祝祭日休
MAP📍P.19[A-1]

## 愛と友情のシンボル クラダ・リング

ハートと両の手と王冠のモチーフが「愛と友情と忠誠心」をあらわすクラダ・リング（Claddagh Ring）。17世紀、ゴールウェイに隣接するクラダ村出身のリチャード・ジョイスさんによりつくられたのがはじまり。西インド諸島へおもむく途中、海賊にさらわれ北アフリカの錬金術師のもとへ送られたリチャード。ウィリアム3世王による奴隷解放令で自由の身となり故郷へ戻り宝飾店をはじめ、お礼の品として王に献上したと言われています。

愛や友情の印に贈り合う指輪ですが、つけ方に地元ルールが。ハートの尖っている方を指先に向けてはめると恋人募集中のサインとなります！

シルバー・リング€40〜。ハート部分に貴石をあしらったものもあり。

# 🛏️ とっておきのラグジュアリーを楽しむ
# The g Hotel & Spa
【ザ・ジー・ホテル＆スパ】

ギャッツビースタイルが似合うラウンジ。ショッキング・ピンクがホテルのテーマ・カラー。

世界のセレブ御用達、奇抜でセンセーショナルな帽子デザインでその名を知られるゴールウェイ出身のフィリップ・トレイシーが手がけた5ツ星デザイナーズホテル。スペースごとにムードを変えるラウンジは、カラフルなゴシック調とミッド・センチュリー風の未来的インテリアが楽しい。客室は館内の華やぎと対照的に落ち着いた色調でやさしくリラックスさせてくれます。メインダイニング「ジオ（Geo）」での洗練された食事や、アイルランドいち、と評されるラウンジでのアフタヌーン・ティー€35〜も見逃せません。ホテル最上階にあるラグジュアリー感いっぱいのスパ「エスパ（ESPA）」は地元の人にも人気が高いので事前予約を。

やさしく落ち着きのある色調の客室。ベッドやカーテンには高級感あるスエード素材を使用。

左・アフタヌーン・ティーにはビーガン向けや、スパとのパッケージ€135もあり。／右・ジューシーなコネマラ産ラム料理。

Wellpark, Old Dublin Road, Galway, H91 V0HR
📞（091）865200／http://www.theghotel.ie
🛏️ 1室€171〜（朝食なし）、€195〜（朝食つき）
全101室
MAP📍P.19[A-1]

🍴🛏 おいしいディナーと海辺の散歩
# BlackCat
【ブラックキャット】

　ワインと小皿料理が人気のレストラン上階にある宿。築200年のタウンハウスをスタイリッシュに改装した各部屋は過不足なく、旅の疲れを癒すのに最適。朝食自慢の宿が多いなか、こちらはあえて素泊まりオンリー。代わりにレストランでのディナーを楽しんで。海沿いにプロムナードがのびるソルトヒル地区にあるので、朝夕のシーサイド・ウォークも楽しめます。

上・こじんまりした客室がかえって落ち着く。／右・イカやエビ、ブラックプディングのコロッケなど小皿料理€6.5〜。

179 Upper Salthill, Galway, H91 WR8Y
📞(091)501007／https://blackcat.ie
🛏1室シングル€79〜、ダブル€129〜／全9室
◎レストラン15:00〜21:30、月火曜・一部祝祭日休、
　夏季は混むので予約した方がベター
MAP📍P.19[A-1]

ロケーション抜群の小さなホテル🛏
# 7 Cross Street
【セブン・クロス・ストリート】

タウンハウス風のモダンな内装の客室。部屋ごとにながめも大きさも少しずつ違う。

　築600年の建物をスタイリッシュに改装した隠れ家のようなホテル。客室は「アーサー王」、「コロンブス」など伝説や歴史を彩る人物の名で、古い床タイルや中世の木の梁も残ります。フレンドリーなスタッフと散策に便利なロケーションも魅力。淹れたてのコーヒーとフレッシュなクロワッサンやベーグルの朝食も楽しみ。

上・セルフサービスの朝食はシンプルなコンチネンタル式。もちもちのベーグルがおすすめ。／右・ホテルでいちばんいい部屋の名は中世の騎士道物語の主人公「アーサー王」。

King Arthur

7 Cross Street Upper, Galway, H91 TD63
📞(091)530100／http://www.7crossstreet.com
🛏1室€143〜(朝食つき)／全10室
MAP📍P.19[A-1]

石灰岩の岩盤を海風が吹き抜け、土着のアイルランド語が今も話されるイニシュモア、イニシュマーン、イニシアの島々にはアイルランドの原風景が残っています。美しい模様を編み込んだアランセーターの発祥地としても有名。ダイナミックな断崖と石垣が連なる素朴な島で過ごす時間は、特別なひとときになることでしょう。

**【アラン諸島】**

# Aran Islands

あこがれの島々へ空からアクセス。島民の足としても利用される9人乗りのプロペラ機。

ゴールウェイへ →

Teach Nan Phaidi
チャック・ネン・パディ P.113

Vincent's Baskets
ヴィンセントさんのカゴ P.111

Kilmurvey Beach
キルマーヴィー・ビーチ

Dún Eochla
ドゥーン・オクラ

An Tuirne
アン・トゥーネ P.111

St Ciaran's Church
聖キーラン教会

Dún Aonghasa
ドゥーン・エンガス P.112

Ti Jo Watty's
ティ・ジョ・ワッティス P.113

## Inishmore
イニシュモア

フェリー発着場所

Inis Meáin Knitting Company
イニシュマーン・ニッティング・カンパニー P.115

Black Fort
ブラック・フォート

 Árd Einne
アード・エンニャ P.113

Inishmore Airport
イニシュモア空港

Teach Ósta
チャック・オースタ（パブ）

Synge's Cottages
シングのコテージ P.114

An Dún B&B
アン・ドゥーンB&B P.115

Conor's Fort
コナーズ・フォート P.114

Synge's Chair
シングの椅子 P.114

The Church of Mary Immaculate
無原罪の聖母教会 P.115

## Inishmaan
イニシュマーン

### Access

🚢 **アランアイランド・フェリーズ**

ロッサヴィール（Rossaveal）から各島へ1日2〜3往復（4〜9月イニシュモアへは3〜4往復）。所要40分〜／⑥片道＝大人€17、学生・シニア€14、子ども（〜12歳）€10／往復＝大人€30、学生・シニア€25、子ども（〜12歳）€15／要予約
【ゴールウェイ・シティからの連絡バス】⑥片道＝大人€5、学生・シニア€4.5、子ども（〜12歳）€3.5／往復＝大人€9、学生・シニア€8、子ども（〜12歳）€6／要予約◎ゴールウェイ港発、モハーの断崖クルーズ付1日往復チケット有。大人€49、学生・シニア€44、子ども（〜12歳）€25／要予約
📞 (091)568903／http://www.aranislandferries.com

🚢 **ドゥーリン・フェリーズ**

ドゥーリン（Doolin）から出るフェリーで、イニシアへ行く場合は便利。イニシアへは1日4〜5往復、イニシュマーン、イニシュモアへは1日2〜3往復。所要15分〜／⑥片道＝大人€25〜、学生・シニア€23〜、子ども（〜15歳）€13〜／往復＝大人€34〜、学生・シニア€32〜、子ども（〜15歳）€17〜／要予約
📞 (065)7075555／http://www.doolinferries.com

✈ **エア・アラン・アイランズ**

コネマラ空港（Connemara Airport）から各島へ1日2〜4往復（人数に応じて増便あり）。所要7分〜／⑥片道＝大人€35、学生€30、シニア€15、18歳以下€20／往復＝大人€63、学生€50、シニア€15、18歳以下€36
【ゴールウェイ・シティからの連絡バス】⑥片道€5、往復€10／要予約
📞 (091)593034／http://www.aerarannislands.ie

0   3k

N

## 「大きな島」という名の小さな島

人口約800人、3島中最大の島。島の名はアイルランド語で「大きな島」。2023年米アカデミー賞ノミネート映画『イニシェリン島の精霊』のロケ地にもなりました。

─ 島内の交通 ─

**ミニバス・ツアー** 🚌 フェリー到着時刻に合わせて港に何台も並んでいる。3時間€15〜

**貸自転車** 🚲 港に貸自転車店あり。1日€20〜
Aran Bike Hire／📞 (099) 61132
http://aranislandsbikehire.com

純白の手編みニットはどれも1点もの。

# Inishmore
【イニシュモア】

生成りの風合いのミトンやニット帽も素敵。

## 🛍 素朴であたたかなアランニットの店
# An Túirne
【アン・トゥーナ】

島の女性たちが編むアランニットのセーターや小物の店。祖母や母から編み物を習い、物心ついた頃から編み続けているというオーナーのローズは、店番をしながらも手を休めません。帽子やアクセサリーもあり、シックなファッションに映えるニット・ブローチもおみやげにおすすめ。

Kilmurvey, Inishmore, Co. Galway, H91 Y6WC
📞 (087) 2213643
🕐 11:30〜17:00、冬期不定休

## 🛍 その昔、ジャガイモや卵を入れたカゴ
# Vincent's Baskets 【ヴィンセントさんのカゴ】

アラン伝統のカゴ編み技術の継承者ヴィンセント・マキャロンさんがつくる素朴で丈夫な柳のカゴ。その昔人々が農繁期に手づくりし、日々の暮らしに使ったものと形もデザインも変わりません。天気のいい日はドューン・エンガスの登り口で、そのほかは島西部にある自宅工房で実演販売しています。

材料の柳を育てるところからすべて手作業している。

Creggacareen, Inishmore, Aran Islands, Co. Galway
📞 (099) 61209、(087) 2247425
◎工房見学を希望する場合は、要事前連絡

手前のカゴはゆでたてのジャガイモを入れ、ざるにも皿にも使ったという。€20〜

# Inisheer
イニシア

リー
場所

ドゥーリンへ

## 息を呑むダイナミックな絶景スポット
# Dun Aonghasa
【ドゥーン・エンガス】

島いちばんの見どころは高さ90mのスリリングな断崖絶壁。ビジターセンターから続く1kmの歩道の両脇に岩盤が露出し、厳しい風土を生き抜いてきた島民の不屈の精神がしのばれます。崖の上には島内4か所にある古代の石の砦のひとつが。2重の外壁をくぐり抜けて崖の端に近づいてみましょう。吸い込まれそうな雄大な大西洋が目の前に広がります。

📞(091)61008／http://www.heritageireland.ie/en/west/dunaonghasa
🕐9:30～18:00(11～3月16:00)／💶大人€5、シニア€4、学生・子ども€3

◎時間があれば、円形の砦が完全な形で残るドゥーン・オクラ(Dún Eochla)、島東部の断崖の名所ブラックフォート(Black Fort)も訪ねてみて。

晴れた日には海をへだてて約30km先のモハーの断崖(P.120)まで見晴らせる。

⚠️崖の端には柵がありません。風にあおられないよう身体を低くして近づきましょう

上から／ここがいちばん高いスポット！断層の上に古代の砦が。／石灰岩の岩盤。岩の割れ目のわずかな土を探し、海藻を混ぜて土地づくりをしてきた。

右・登り口から片道約2km(所要40分)、ドゥーン・エンガスに比べ訪れる人は少ないブラックフォート。／左・6～7月に島で咲くアケボノフウロウ。

イニシュモア産のクリーミーなフレッシュ・ゴートチーズのサラダ€10。

## 🍴 島育ちのジャガイモや野菜がおいしい
# Teach Nan Phaidi
【チャック・ネン・パディ】

　茅葺き屋根のコテージでふるまわれる、ジャガイモたっぷりのギネス・ビーフシチュー€15、島でつくられるヤギのチーズのサラダ€12がおすすめ。少ない土に海藻を混ぜ込んで土地づくりをしてきたことが幸いしてイニシュモアの土壌はミネラル豊富。ジャガイモや生野菜が驚くほどおいしいので試してみて。デザートにはふわふわスポンジのホームメイド・ケーキを。

■ Kilmurvey, Inishmore, Co. Galway, H91 VX31
📞 (099) 20975／🕐 11:00〜16:00、冬期不定休

## 🍴 アラン名産の獲れたてロブスターを
# Ti Jo Watty's 【チィ・ジョー・ワッティズ】

　スープやサンドイッチをはじめ、ムール貝、フィッシュパイなどシーフードも楽しめる島いちばんのグルメなパブレストラン。夏期にはロブスターが旬を迎え、身がしまった天然のおいしさが楽しめます。注文数に応じて仕入れることもあるため予約がおすすめ。夜にはしばしば音楽演奏も。

■ Kilronan, Inishmore, Aran Islands, Co. Galway, H91 N889
📞 (086) 0494509／http://www.joewattys.ie
🕐 12:00〜24:00(金土曜24:30)、一部祝祭日休

「チィ(Ti)」、「チャック(Teach)」はアイルランド語で「家」の意味。

小ぶりだけど味がいいのがアランのロブスターの自慢。味つけは溶かしバター。€32〜

## 🛏 もてなし上手の丘の上のゲストハウス
# Árd Einne House
【アード・エンニャ・ハウス】

　丘の上の切妻屋根がかわいいゲストハウス。簡素ながら清潔に整えられた客室と、ながめのいいリビングで我が家のようにくつろげます。朝食にはたっぷりのアイリッシュ・ブレックファーストはもちろん、焼きたてのヘルシーな全粒粉のスコーンが出されます。

上・島内のあちこちで妖精の家が見られる。ゲストハウス前にも！／左・全室シービューで居心地のよい部屋。

■ Killeany, Inishmore, Aran Islands, Co. Galway, H91 P266
📞 (099) 61126／http://www.ardeinne.com
🛏 1室€100〜(朝食つき)※最低2泊から／全8室／🕐 11〜1月は休業

# Inishmaan
【イニシュマーン】

## 静かな島で心の声を聞く

人口180人、3島中いちばん隔絶され、旅行者も少ない静かな島。島の名はアイルランド語で「真ん中の島」。

┌ 島内の交通 ─
│ 徒歩。島に宿泊す
│ る場合は港から宿
│ までの送迎を事
│ 前に頼むと安心。

石壁から顔を出すロバがこの島の親善大使！島で出会えたらラッキー！

## 📍 作家の気分で夢想にふける
# Synge's Chair
【シングの椅子】

海の向こうにイニシュモアをのぞむ。シングの時代は手漕ぎボートで海を渡った。

イニシュモアを見晴らす島西岸は、ダブリン出身の劇作家ジョン・ミリントン・シング（John Millington Synge）のお気に入りだったスポットで、風をよけて座れる天然石の椅子があります。石だらけの道を歩いてやっとたどり着くこの地は、物思いにふけりたい時にぴったり。

### シングのコテージ

1898〜1902年の夏にシングが滞在した茅葺き屋根の民家。1904年発表の代表作「海へ駆りゆく人々」はこの島での体験をもとに書かれたもの。記念館として公開されていましたが、現在内部は閉鎖中。

300年前の古い民家。シングの曾孫の呼びかけにより近年修復された。

## 📍 妖精が棲むと信じられていた砦
# Conor's Fort
【コナーズ・フォート】

ほぼ完全な形で残る楕円形の古代の石の砦。闇夜に妖精が踊ると言い伝えられている場所。空と、海と、石垣がえんえんと連なる島の景色が一望できます。

アイルランド語名は「ドゥーン・チョンチュア（Dún Chonchúir）」。島に2か所残る砦のひとつ。

## 📍 ステンドグラスがきれいな島の教会
# The Church of Mary Immaculate
【無原罪の聖母教会】

1939年建立の小さな教会。美しいハリー・クラーク[※]の工房によるステンドグラスは必見。向かいにあった15世紀の教会から移転させた古いレリーフなども残されています。

※19世紀末〜20世紀初頭に活躍したダブリン出身の挿絵画家・ステンドグラス作家。アンデルセンの童話集の挿絵画家としても知られる。国立美術館（P.28）にも作品あり

小さな島の真ん中にあり、祭事やミサの時には島民が集う。

祭壇上部に輝く聖母子と2人の聖人。クラーク自身はイニシアで毎年休暇を過ごした。

## 🛏 石の島と家庭料理を堪能できるB&B
# An Dún B&B 【アン・ドゥーンB&B】

イニシュマーンに滞在するならここがおすすめ。寝心地のよいベッドが置かれた客室はながめがよく、石の島に滞在していることが実感できます。島には食事処が少ないのでディナーもここで予約するのがベター。限られた食材ながらも自家製の野菜やハーブでもてなしてくれます。

Inishmaan, Aran Islands, Co. Galway, H91 WC61
📞（087）6806251／http://inismeainaccommodation.ie
🛏 1室€€105〜（朝食なし）、€111.5〜（朝食つき）／全5室
◎11〜3月上旬休業

上・島の中央にありどこへ行くにも便利。B&B営業時はカフェもオープン。／左・この日のデザートは家庭菜園で採れたルバーブのクランブル。

## 🛍 とびきりファッショナブルなアランニット
# Inis Meáin Knitting Company
【イニシュマーン・ニッティング・カンパニー】

シルク入りの光沢ある糸でアラン模様を品よく編み込んだタートルネックセーター€473。

世界の一流ブランドと肩を並べる1970年代創業のニット・メーカー。機械編みするのは大量生産目的ではなく、島の雇用促進と、編み手が減り消滅の危機にあるアラン模様を後世に伝えるため。日に何回も編み機のパターンを変え、手編みと変わらぬ手間をかけて丁寧につくられます。工場2階のアウトレット・ショップにはため息が出るほど美しい商品が。

Inishmaan, Aran Islands, Co. Galway, H91 D231
📞（099）73009／http://inismeain.ie
メール（inis@inismeain.ie）での事前アポイントのみ。訪問可能日時はWEBで要確認。

115

# Inisheer
[イニシア]

## スローライフが島の自慢

人口約260人、島の名はアイルランド語で「東の島」。本土にいちばん近く、夏には地元の人たちも多く訪れる。

トラクターで島の名所めぐり。フェリーの到着に合わせて港に現れる。

## 📍「ファーザー・テッド」の難破船
# The Plassey
【プレッシー難破船】

┌─ 島内の交通 ─
│ 徒歩または貸自転車（1日€16〜）。夏期限定、
│ フェリー到着に合わせて現れるトラクター・ツアーも楽しい！（料金は乗客数による）

　1960年3月、嵐で難破し打ち上げられた巨大貨物船。90年代の人気コメディドラマ「ファーザー・テッド」のオープニングに登場し一躍有名になり、今や島いちばんの名所。晴れた日には海の向こうにモハーの断崖（P.120）を眺めることができます。

島民が命がけで乗組員11人全員を救助。
当時の様子は今も語り継がれている。

## 📍砂に埋もれかけた守護聖人の教会
# Teampall Chaomháin
【聖クィヴォン教会】

　「沈んだ教会（Sunken Church）」のニックネームで知られる10世紀建立の教会廃墟。海から吹きつける砂で埋もれかけていたのを発掘、現在の姿に。聖クィヴォンは聖ケヴィン（P.31）の兄でイニシアの守護聖人。アラン生まれの男の子に多い名前です。

まるで地下教会のようなユニークな佇まい。内部へ降りることもできる。

# ☕ スイートなカップルが営む人気カフェ
# Teach An Tae, Aran Café & Tea Rooms
【チャック・アン・ティ、アラン・カフェ&ティールームズ】

上・この日のランチ・スペシャル
は島で獲れたポロック（魚）にク
スクスと自家製ソレルを添えて。
／右・イチゴとクリームのパブ
ロヴァはアイルランド人が好き
な夏のデザートの定番。

自家製卵に家庭菜園の野菜や
ハーブ、季節のベリーや旬の魚
を素材とした手づくり料理とスイ
ーツが大人気のカフェ。ここで
食事をするためにわざわざ本土
からやって来る人も。カフェを営
む地元男性とアメリカ人女性の
カップルは、彼女がこの地を旅
している時に出会い恋に落ちたと
いうロマンチックな馴れ初め。

手づくりのキュートな
看板が目印。自宅をカ
フェに開放。

Baile an Lurgain, Inisheer, Aran Islands, Co. Galway, H91 ARX4
📞(099)75092／http://cafearan.ie
🕐10:00～16:00、ランチ12:00～15:00(火～金のみ)、10～4月休業

## 島で役立つアイルランド語

本島と違って、アラ
ン諸島はアイルランド語
を日常的に使用してい
る「ゲールタクト」と呼
ばれる地域。旅行者も
多いため英語も通じま
すが、あいさつ程度の
アイルランド語を知って
おくと島の人にもよろこ
ばれること間違いなし！

アイルランド語のネイティブ・
スピーカーは人口の2％。イ
ニシュマーンのパブにて。

### Céad mile fáilte!
ケードミラフォールチャ！
**ようこそ！**(直訳：10万回のウェルカム)

### Dia dhuit ジィアグイッチ
**こんにちは**(直訳：神が共にありますように)

### Dia is Muire dhuit
ジィアスムラグイッチ
**(返答として)こんにちは**
(直訳：神とマリア様がともにありますように)

### Conas atá tu?
コナサタートゥ？
**気分はどう？**

### Tá mé go maith!
トーメーグマ！
**元気だよ！／グッドだよ！**

### Go ráibh mile maith agat!
グラミラマハガート！
**どうもありがとう！**

アイルランド語には「イエス」、「ノ
ー」に相当する単語がありません。
質問された内容の動詞を「～です」、
「～ではありません」と繰り返すこ
とで同意または反意を表します。

### Slán go fóil!
スローンゴフォル！
**バイバイ！**

### Oiche Mhaith!
イーハワ！
**おやすみなさい！**

### Go hálainn!
ゴホーリン！
**きれい！／素敵！**

### Tóg go bog é
トーグゴボグエー
**気楽にいこうよ**

### Sláinte!
スローンチェ！
**乾杯！**(直訳：健康)

# アランニットに込めた想い

その昔、暮らしのために手づくりしたアラン諸島発祥のハンドニットは、現在「アランセーター」として世界にその名を知られています。既製服のない時代より手づくりしてきたセーターには、島の人たちの豊かな感性から生まれる美しい模様が散りばめられています。「アラン模様」と呼ばれる数え切れないほどのパターンを複雑に組み合わせ、世界でひとつのセーターをつくり上げる技術と根気。編み込まれた模様には、島の人たちが大切にしてきた想いが込められています。アラン諸島に暮らす数少ない熟練の編み手バーニィとペギーのセーターに見られる特徴的なアラン模様をご紹介しましょう。

←──蜂の巣×人生のはしご

←──ブラックベリー

←──ダイヤモンド

←──編み込みケーブル

←──生命の木

## Blackberry
【ブラックベリー】

石垣を伝う灌木に秋にたわわに実るベリーを表し、自然からの豊かな恵みを象徴します。キリスト教国らしいトリニティ(カトリックの「三位一体」)の呼び名もあり、受け継がれる信仰心を表すとも言われます。

## Diamond 【ダイヤモンド】

石垣で仕切られたアラン諸島の狭い土地を表します。岩盤を砕き、割れ目に手を入れて土を探す作業からはじめた島民たちの過酷な労働もやがては報われ、富や繁栄がもたらされるよう願いが込められています。漁師網を表すとも言われ、豊漁を願う意味もあります。

ロブスター・クロウズ ←──

メアリー・フランシティー作の見事なケープ。

1枚のセーターに何種類もの模様が。
編み手の豊かなセンスが感じられる。

## Honeycomb × Ladder of Life
【蜂の巣×人生のはしご】

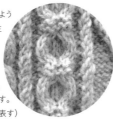

「蜂の巣」は働き蜂がミツをもたらすように、勤勉な労働が豊かな暮らしを生むことを意味するアラン定番のステッチ。熟練の編み手はそれをひとひねり。幸福に向かい一歩一歩高みへのぼっていく「人生のはしご」を組み合わせて、さらなる幸せを願います。(つなぎ目の2本線がはしごの横板を表す)

## Path of Clifftop to the Shore
【崖上から海辺へ下る小径】

島のいたるところに見られる石垣に縁どられた小径をデザインしたもの。このステッチはとても難しく、上手に編めるのはバーニィさんだけ。石垣を築いた先祖への敬意を込めて編むのだそう。

## Plaited Cable
【編み込みケーブル】

「ケーブル」とはいわゆる縄網みのことで、漁師が使うロープを表し、豊漁を願うアランニット定番の模様。さまざまなアレンジがあり、この難しい縄網みはイニシュマーンの編み手が得意とするもの。絡み合うような編み込みが家族の密接なつながりを意味しています。

## Tree of Life 【生命の木】

樹木が枝葉をのばしていくようなステッチは新しい生命を予感させ、アラン諸島の全家族が世継ぎに恵まれ、強い絆で結ばれるよう願ったもの。一族繁栄のラッキーシンボルとして好まれる、おめでたい模様です。

## Lobster Claws
【ロブスター・クロウズ】

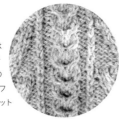

アラン諸島名産のロブスターのはさみ。島の日常が垣間見られるステッチのひとつです。日々の暮らしのなかから編み手が見つけたモチーフには、このほかスプーン、バスケットなども。

[編み手] バーニィ・ニーオーハタ(Berni Ní Fhátharta)、
　　　　 ペギー・ニーコシュテラ(Peigi Ní Choistealla)
[協力]　アン・オモーリャ(Anne O'Maille)

---

---

🛍 世界にひとつのハンドニットに出合う
## O'Maille 【オモーリャ】

本場の上質アランセーターを買うなら、間違いのないのがこの店。おしどり夫婦のアンとジャーがゴールウェイの商店街に店を構えて40余年、2人の目利きと人柄、手編みニットへの情熱がアランセーターの伝統を守り続けてきました。アラン諸島と西海岸一帯の編み手による逸品ぞろいでセーターは€250前後〜。すべて手編みなので模様もサイズも違い、日本人に合うスモールサイズも。アラン模様が活きるケープやニット小物もおすすめ。

「熟練の編み手は高齢化しているので、ホンモノを買うなら今」と語るアンとジャー。

16 High Street, Galway City, H91 HC91
📞(091)562696／https://www.omaille.com
🕙10:00(日曜12:00)〜18:00、
　一部祝祭日・1〜4月不定休
MAP📍P.19[A-1]

119

3億年前に形成された2種の砂岩、シルト岩と頁岩の地層が美しく広がる。

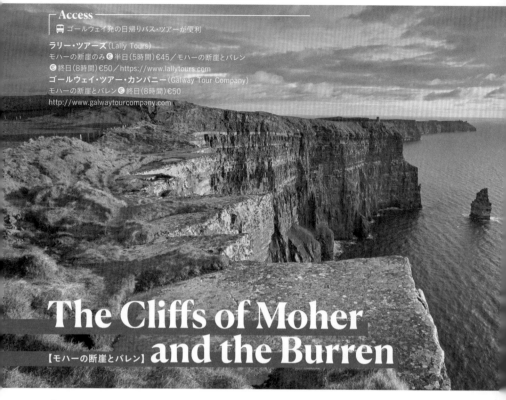

┌ **Access**
🚌 ゴールウェイ発の日帰りバス・ツアーが便利

**ラリー・ツアーズ** (Lally Tours)
モハーの断崖のみ🕐半日(5時間)€45／モハーの断崖とバレン
🕐終日(8時間)€50／https://www.lallytours.com
**ゴールウェイ・ツアー・カンパニー** (Galway Tour Company)
モハーの断崖とバレン🕐終日(8時間)€50
http://www.galwaytourcompany.com

# The Cliffs of Moher and the Burren
【モハーの断崖とバレン】

📍 海に鎮座する美しき崖の名所
## Cliffs of Moher 【モハーの断崖】

コースタル・トレイルは牧草地の脇なので、羊や牛に出合う確率高し。

　その美しさに思わず息をのむ、高さ200mの崖。スリーヴリーグ (P.100) が最果てを感じる崖、ドゥーン・エンガス (P.112) がスリルを楽しむ崖なら、ここは自然の美を堪能する崖です。ビジターセンターからアクセスできる遊歩道から絶景が望めますが、8km続く断崖の景色をダイナミックに楽しみたいなら、崖沿いの未舗装の「コースタル・トレイル (Coastal Trail)」を歩いてみて。北へ向かうルートは片道8km(所要3時間)、崖っぷちや牧草地を行くワイルドなルート。南端ハグズ・ヘッド (Hag's Head) へ向かうルートは片道5.6km(所要1.5〜2時間)ですが道は平坦、そそり立つ崖の大パノラマを楽しめます。

崖に注意！近隣で産出する天然石フラッグ・ストーンの壁より先へは行かないように。

**ビジターセンター**
Cliffs of Moher, Liscannor, Co. Clare, V95 KN9T
📞(065)7086141／http://www.cliffsofmoher.ie
🕐【11〜2月】9:00〜17:00、
　【3〜4・9〜10月】8:00〜19:00、
　【5〜8月】8:00〜21:00、12/24〜26は休業
💶大人・シニア・学生€7、12歳以下無料
MAP📍P.13

## 📍 まるで月面に来たみたい
# Burren 【バレン】

対岸のアラン諸島（P.110〜）もここと同じカルスト地形。

えんえんと連なるグレーの大地。ゴールウェイ・タウン（P.104）からモハーの断崖へ至る道沿いには、約3億2000年前に海の底で形成された石灰岩が露出したカルスト台地が広がります。まるで不毛の地のような見かけとは裏腹に、一帯は動植物の宝庫。岩のくぼみに山野草（P.6〜7）が咲き、珍しい蝶が舞い、野生のヤギの群れを見ることも。ドルメン（P.10）やストーン・フォート（P.11）など古代史跡も豊富。モハーの断崖に隣接する一部エリアは、断崖と合わせてユネスコのグローバル・ジオパークに認定されています。

天然のロックガーデンさながらに咲き誇る山野草。

Lisdoonvarna, Corofin, Gort, Kinvaraに囲まれる
約530㎢に及ぶエリア
◎バレン国立公園はモハーの断崖に隣接する18㎢のみ
https://www.nationalparks.ie/burren
MAP 📍P.13

清潔感あふれる部屋。館内には趣きの異なるラウンジが4か所あり、寝室以外でもくつろげます。

## 📍 ヨガとヘルシー・フードでデトックス
# Cliffs of Moher Retreat
【クリフス・オヴ・モハー・リトリート】

宿泊・食事・ウォーキング・ジャグジーつきの体験型ヨガ・リトリート。通常の観光旅行とはひと味違った旅をしたい人におすすめです。週末を中心に開催される1〜4日間のプログラムは毎回変わり、ヨガにハイキングやシー・スイムを組み合わせたものも。宿泊はシェア・ルームも希望できるので、同室になったアイルランド人や他国の旅行者と友達になれるチャンス。

海を見晴らすヨガ・スタジオ。ほとんどのプログラムが初心者も参加可。

Moher Lodge, Kinielty, Liscannor, Co. Clare, V95 A499
📞(087) 7070290／http://www.cliffsofmoherretreat.com
🕐1日€150〜、2泊3日€625〜（ヨガ教室、宿泊、食事含む）
MAP 📍P.13

【ウェストポート】
# Westport

キャロウベグ川のほとりに18世紀の都市計画により整えられた美しい街。

## 山も海も町もすてきなタイディ・タウン

　聖なる山、海賊の女王が活躍した海、街並みもチャーミングな人口7000人ほどの西の町は、よりコアな西部めぐりの基点として近年注目を集めています。「タイディ・タウンズ<sup>(※)</sup>」の常連でもあり、健全なコミュニティと自然環境、伝統とトレンドがほどよくミックス。アイルランド人お気に入りのとっておきのエリアです。

※1958年より続く「アイルランドでもっともきれいな(整った)町」を選ぶ政府主催のコンテスト。

### ─ Access ─
🚆 ダブリンから列車で3時間20分〜／€15.99〜
🚌 ダブリンからバスでゴールウェイへ(P.104)、ゴールウェイからBusEireann、CityLinkバスで1時間25分〜／€13.5

さかんに目にする赤と緑のメイヨー県カラーの旗は、地元への愛着のあらわれ。

📍 聖なる山の頂をめざそう
## Croagh Patrick
【クロー・パトリック】

　ウェストポートに近づくと海をバックにそびえるように見えてくる円錐形の山。5世紀に聖人パトリック(P.31)が、モーセがエジプトのシナイ山でしたように山頂で40日間断食して神の約束を取りつけたと伝えられる聖山です。姿を見るだけでも美しいですが、時間と体力があればぜひ登ってみて。山頂からのながめは、登山の苦労がいっきに吹き飛ぶ絶景中の絶景！ 登山道のほとんどが急勾配なので、下りはとくに注意を。

【登り口】Murrisk Car Park, Murrisk, Co. Mayo
(ウェストポートから8km)
https://www.discoverireland.ie/mayo/croagh-patrick
◎登山道は往復7km、所要3.5時間(山頂での滞在時間を除く)。駐車場から一本道、足場が悪いので登山用のしっかりした靴が必要。山頂は気温が下がるので上着要
◎下りには杖があると安全。登り口のショップでレンタル可(€5程度)／MAP📍P.20[A-1]

上・高さ764mのふもとには聖パトリック像が。／左・激しい傾斜を登ると山頂からの絶景が！

## 📍 風になれ！緑の中をサイクリング
# Great Western Greenway
【グレート・ウェスタン・グリーンウェイ】

　廃線となった鉄道路線を利用した、ウェストポート〜アキル・サウンドを結ぶ全長44kmのサイクリング・ルート。泥炭地、牧草地、緑のトンネル、山や湖、海辺のビューポイント、カラフルな花々。どこを切り取っても絵になりそうな牧歌的な景色をぬってペダルをこげば、大地や風とひとつになれそう。途中の村や町で休憩しながら急がず楽しめるよう、終日サイクリングにあてることをおすすめします。

1895〜1937年の間、狭軌鉄道が運行されていた歴史的なルート。

Westport〜Achill Sound、44km、所要3〜4時間（休憩除く）
https://www.greenway.ie
◎自転車レンタル込みのシャトルバス・サービスを利用して、アキル・サウンド→ウェストポートをサイクリングするのがおすすめ。ウェストポート発9：30発・12：00発、10〜3月不定期。€40〜（電動自転車€60〜）。要予約
Westport Bike Hire, James St, Westport, Co. Mayo, F28 DY94
📞(086)0880882／https://westportbikehire.com
MAP📍P.20[A-1／B-2]

🍴 風味豊かなロースト・ラム€28はハーブや野菜のおしゃれなつけ合せでよりおいしく。

## 🍴 小さなレストランの丁寧な料理
# Sage 【セージ】

　おいしい店が多いこの町で飛び抜けて評判のレストラン。地元産の旬の食材にオーナーシェフ自らが育てた野菜やハーブをふんだんに使った手の込んだ一皿は、食へのこだわりと愛情に満ちています。日替わりのスペシャル・メニューには、この国では珍しいウサギ料理が登場することも。野菜やチーズ主体のベジタリアン・メニューも種類豊富で、肉や魚に引けをとらないおいしさです。

坂道に面した小さなレストラン。

10 High Street, Westport, Co. Mayo, F28 A298
📞(098)56700／https://sagewestport.ie
🕐17：30〜21：30、日月曜・一部祝祭日休、1〜2月休業の場合あり　◎要予約／MAP📍P.20[B-1]

## 🍺 伝統のチューンに酔いしれる
# Matt Molloy's Pub
【マット・モロイズ・パブ】

　アイルランド伝統音楽の大御所バンド、チーフタンズのフルート奏者マット・モロイさんが経営する有名パブ。伝統音楽のセッションがほぼ毎晩行われ、常連客も観光客も入り乱れて熱い夜がくり広げられます。ここで飲むギネスが驚くほどクリーミーなのは聖なる山を背後にいただくせい？ 西の町で昔ながらのアイルランドらしい夜を楽しんで！

マット・モロイさんに会えるかも？

© Chris Hill Photographic 2011

Bridget Street, Westport, Co. Mayo, F28 FV40
📞(098)26655／https://www.mattmolloy.com
🕐16：00〜23：30、金土曜14：00〜24：30、日曜祝日12：30〜23：00、一部祝祭日休
◎セッションが盛り上がるのは22時過ぎ／MAP📍P.20[B-1]

楽器持参で訪れて演奏に飛び入り参加する人も。

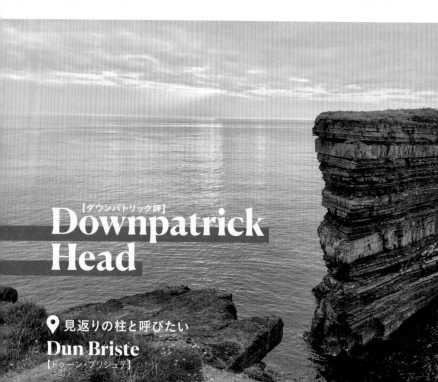

【ダウンパトリック岬】
# Downpatrick Head

📍見返りの柱と呼びたい
## Dun Briste
【ドゥーン・ブリシュテ】

　　まるで海底から生えてきたかのような奇怪な岩の柱。1393年の記録的な大嵐でダウンパトリック岬から切断された海食崖ですが、信心深い土地の人たちは、その昔、聖パトリック（P.31）が異教の神を追放せんと切り離したものだと言います。晴れた日はダイナミックに、霧に浮かぶときはミステリアスに、夕陽に照らされると神々しくさえ見えてくるその光景、いつまでもながめていたい！

アイルランド語で「壊れた岩」を意味する高さ45mの海食崖。夕暮れ時はひときわ神秘的で美しい。

Downpatrick Head, Ballycastle, Co. Mayo
https://www.dunbriste.com/dun-briste.html
MAP📍P.20[A-1]

---

## こちらもお見逃しなく！

### 潮吹き穴「プルナシャンティナ」
*Pul Na Sean Tinne*

　　岬の真ん中に、吸い込まれそうな巨大なブロウホール（潮吹き穴）が。海が荒れると迫力満点、大きな水しぶきがあがります。遠目には煙が立ち込めているかのように見えるので、「古き炎の穴」を意味するアイルランド語の名で呼ばれるように。

吸い込まれそうな深い穴。展望プラットフォームあり。

「EIRE64」の「E」。そのほかの文字と数字もはっきり見て取れる。

### 戦時中の「EIRE」の標識

　　第2次大戦中、中立を宣言していたアイルランドは島の沿岸一帯に83の展望所を設置。アイルランド語の国名「EIRE（エーラ）」の文字と各所の識別番号を空から見えるよう地面に大きく刻み、大西洋を横断してくる飛行機が方位を見失って不時着するのを防ぎました。戦後その多くが失われましたが、ここには旧展望所とともに「EIRE64」の標識が今も残っています。ぜひ探してみて。

## Access

🚃 ダブリンから列車でバリナへ2時間45分〜／€15.99〜
🚌 ダブリンからBusEireannバスでバリナへ3時間50分〜／€23.5
🚌 バリナからBusEireannバスでバリキャッスルへ1時間／€7.6
◎ダウンパトリック岬の最寄りのバス停はバリキャッスル手前のMuingreevagh

📍 泥炭から掘り起こされた考古学サイト

# Ceide Fields
【ケイジ・フィールズ】

　世界最大で最古の、新石器時代の農耕地と居住地跡。1930年代に泥炭掘りをしていた地元教師が発見、その息子が考古学者となって発掘調査し、6000年前の暮らしの様子が明らかに。

Glenurla, Ballycastle, Co. Mayo, F26 PF66
📞(096) 43325
https://heritageireland.ie/places-to-visit/ceide-fields/
🕐3〜5・10・11月10:00〜17:00(6〜8月18:00)、11月〜イースター頃休業
€大人€5、シニア€4、学生・子ども€3
MAP📍P.20[A-1]

2022年に新装オープンしたビジターセンターでは最新の調査や泥炭地の成り立ちについて詳しく知ることができる。

🛏 海を見晴らすロマンチックな宿

# Stella Maris County House
【ステラ・マリス・カントリー・ハウス】

ラテン語で「海の星」を意味する「ステラ・マリス」は修道女たちが命名。

海を見晴らすコンサバトリー。風の音を聞きながらくつろぎたい。

　大西洋に面した人里離れた高台にたたずむ隠れ家的なプチ・ホテル。19世紀に海軍の要塞として建てられ、その後、女子修道院に。1960年代にホテルとなり、その時々のオーナーが大切に整えてきたラウンジやコンサバトリーには愛着あふれる品々が。全室シー・ビューの部屋はアンティーク風の洗練された家具で落ち着いた雰囲気です。新鮮な地元食材を使ったディナーもぜひ味わってみて。

Killerduff, Ballycastle, Co. Mayo, F26 YX97
📞(096) 43322／http://www.stellamarisireland.com
🛏1室€125〜(朝食つき)、9月中旬〜5月初旬休業／全11室
MAP📍P.20[A-1]

客室が番号ではなく、アイルランド各地の地名で呼ばれるのも素敵。

## 【ディングル・タウン】
# Dingle Town

パステル・カラーの店が並ぶストランド・ストリート。

## ハッピーになれる西の町

　英語に交じってアイルランド語が飛び交う、最西端の町。絵葉書のようなカラフルな通りには、伝統とヒップな文化がブレンドされたパブやレストラン、カフェやクラフト・ショップがいっぱい。人口2000人の小さな町ながら国際映画祭、ミュージック＆アートやフード・フェスティバルなどイベントも盛ん。進取の気性に富む、明るく元気な人の住む町は、海風と同じくらいフレッシュでワクワクすることにあふれています。

### Access
ダブリンから列車またはDublin Coachバスでトラリーへ（列車3時間40分、€24.99／バス3時間35分、€25〜）、トラリーからBus Eireannバスでディングルへ約1時間／€11

上・ディングル・タウンにはカフェが多い。聖メアリー教会を臨むルーフトップのカフェ。／左・パブの壁にシャムロック。奥の聖ジェームズ教会ではコンサートなどのイベントも。

## 🛍 人気者になれるニット帽
# Commodum Art & Design
【コモドゥム・アート＆デザイン】

赤いショップフロントが目印。今も上階
の工房で製品がつくられる。

　メイド・イン・アイルランドのファッ
ションや小物を取りそろえた1976年創
業のクラフト・ショップ。ニット製品の
品ぞろえが豊富で、国産の色とりどり
の毛糸も売られているのは手芸人口が
高い土地柄のあらわれ。同じ毛糸で編
まれたビーズの飾りつきのニット帽や羊
のオブジェは、ここでしか買えない店
のオリジナル品です。

ちょっぴりヒッピー風のキュートな手
編み帽€39.5は色も豊富。

Main Street, Dingle, Co. Kerry, V92 AK2N
📞(066)9151380／http://www.commodum.ie
🕐9:00〜18:00(月曜13:00)、
　日曜11:00〜14:00、一部祝祭日休
MAP📍P.17[C-2]

羊のオブジェは小さな子羊の年€35。一匹連れて帰りたい。

## 🛍 ケルトの文字の名前入りジュエリー
# Brian de Staic
【ブライアン・ダ・スティック】

　ケルト文様や古代遺跡のモチーフが素敵なジュエ
リー・ショップ。野に立つ石柱をデザインしたネック
レスは魔除けになりそうな迫力と美しさ。ケルトの呪
術文字オガムの名前入りネックレスやブレスレットも、
旅の記念にオーダーメイドしたい1品。

Green Street, Dingle, Co. Kerry, V92 HE44
📞(066)9151298／https://www.briandestaic.com
🕐9:30〜17:30、日曜・一部祝祭日休、
　冬期不定休
MAP📍P.17[C-2]
⭐徒歩10分のThe Wood, V92 TE82に
　もワークショップつき店舗あり
⭐名前入りジュエリーは同日または翌日
　受け取り。郵送可

リアスク(Riasc)の
石柱をモチーフにし
たネックレス。シル
バー€115。

オガムの名前入りはシルバー小€90、中€95、大€105。

十字架と渦巻き文様が美しい石柱はスレ
ー・ヘッド・ドライブ(P.134)にある。

127

# ☕ 土地の恵みをアイスで楽しむ

# Murphy's Ice Cream
【マーフィーズ・アイスクリーム】

良質のチョコのおいしさが際立つウイスキー・チョコレートと、さっぱりした酸味のラズベリー・シャーベット。豊富なフレーバーはすべて試食可!

濃厚バニラ・アイスクリームを手作りのチョコチップ・クッキーではさんだクッキーサンドイッチも人気€7.5。

　メイド・イン・アイルランドの良質でユニークなフレーバーが人気のとっておきのアイスクリーム・カフェ。ブラウン・ブレッド、ウイスキー、ディングル湾の海の塩、そして大地をうるおす雨水もアイスクリームに!

　この地方原産の稀少な保護種の牛ケリー・カウ（アイルランドに数百頭、世界に1,000頭ほどしかいない）の低脂肪乳を使用しており、香料も一切不使用。さっぱりした口当たりとコクのある味わいがたまらないおいしさ。ヘルシーでお腹にもたれないのもうれしい。国内に6店舗ありますが、ここが本店。

上・ヘルシーに楽しめるアイスクリームづくりに励むオーナーのキーランとショーン兄弟。／右・ストランド通りの本店。創業当時はアイスクリームもここでつくっていた。

## おすすめの5つのフレーバー
（小2スクープ€6～）

**ディングル・シー・ソルト**
*Dingle Sea Salt*
海水のミネラルがいっぱい

**チョコレート・ウイスキー**
*Chocolate Whiskey*
カカオ100%のチョコが舌になめらか

**アイリッシュ・ブラウン・ブレッド**
*Irish Brown Bread*
パンの食感が残るのがいい

**キーランズ・クッキー**
*Kieran's Cookies*
店の手作りクッキー入り!

**ラズベリー・シャーベット**
*Raspberry Sorbet*
雨水の蒸留液でつくられるデイリーフリー

アイルランドでいちばんおいしいアイスクリーム、ぜひトライを!

Strand Street, Dingle, Co. Kerry, V92 H982
📞 (087) 1330610
http://www.murphysicecream.ie
🕙11:00～22:00、一部祝祭日休／MAP📍P.17[C-2]

◎徒歩2分のThe Pierにもう1店舗あり
◎ダブリン（Wicklow St）、ゴールウェイ（High St）、キラーニー（Main St）、キルデア（Kildare Village）にも店舗あり

## 🍴 地元っ子のソウルフード
# Reel Dingle Fish
【リール・ディングル・フィッシュ】

「塩とビネガー（酢）をたっぷりかけて食べるのもおいしいよ」と店員さん。

国内いちおいしい！　と評判のフィッシュ＆チップス専門店。冷凍は一切せず、その日に獲れた魚を揚げたてで提供してくれます。香ばしい衣とほどよくしまった白身魚に自家製タルタル・ソースが絶妙に合います。座席は3〜4席なので、テイクアウトして港のベンチで海をながめながらあつあつをほお張りましょう。

店のおすすめはヘイク（タラの一種の魚）＆チップス€11.9。

店の看板にはレストラン・ガイドお墨つきのメダルがびっしりと。

Bridge Street, Dingle, Co. Kerry, V92 FK66
📞(066)9151713
🕐13:00（日曜・祝祭日17:00）〜22:00
　（変動あり）、一部祝祭日休
MAP📍P.17[C-2]

## 🍴 海の幸をテーブルへ直送
# Out of the Blue
【アウト・オヴ・ザ・ブルー】

獲れたてのロブスター、活きのいい牡蠣、カレイやアンコウ、マトウダイなど旬の高級魚が楽しめる人気レストラン。メニューは日替わり。というのも、目の前のディングル港でその日に揚がったものだけを調理するから！　魚介に合うハーブを使った味つけも絶妙。夏になるとメニューに登場するビネガーたっぷりのサバ・サラダが絶品。

軽く調理したサバのサラダ仕立て€10.5。ビネガーの効いたドレッシングがよく合う。

Waterside, Dingle, Co. Kerry, V92 T181
📞(066)9150811／http://www.outoftheblue.ie
🕐16:00〜21:00、日曜・一部祝祭日は
　12:30 -15:00もオープン、
　11〜2月休
MAP📍P.17[C-2]
※席数が少ないので要予約

大西洋でさかんに獲れる巨大魚オヒョウの炭火焼き。サフラン・ソースでエレガントな味に。€34.5。

レジ兼ドリンク・バー。混んでいる時はテーブルがあくまでここで待つことも。

## ここが町のリビングルーム
# Dick Mack's
【ディック・マックス】

その昔多かった兼業パブが今も多く残るディングル。こちらは元パブ兼革職人の店で壁の棚には皮ベルトや革靴が。かつての作業台に、今は飲みかけのギネスが並びます。

創業以来100年変わらぬ名物パブは、町のリビングルームそのもの。レトロな店内は居心地抜群。都会の若者がナイトクラブへ出かける時間、この町の若者はここに集います。古いパブにしばしば見られる「スノッグ（Snug）」と呼ばれる大人5人がやっと座れるくらいの小部屋もあり。自家製ビールも醸造しており、パブ裏手の醸造所では見学ツアー(※)も。店の前の石畳に埋め込まれた、来店した著名人の敷石もお見逃しなく。

上・ある日の昼下がりの光景。常連さんも観光客も入り混じってのんびり。／左・現在は創業者ディック・マックの孫（20代）が経営している。／下・ジュリア・ロバーツ、ロバート・ミッチャムの名も。

Green Street, Dingle, Co. Kerry, V92 FF25
📞(066)9151787
https://www.dickmackspub.com
🕐12:00〜23:30（金土曜24:30、日曜23:00）、一部祝祭日休
MAP📍P.17[C-2]

※5月または6〜9月の12:00〜/15:00〜/17:00〜、€15

## ディングル半島発の注目ドリンク

ギネス一辺倒だった西の果ての町にも近年新しい風が。
ディングル半島の小さな醸造・蒸留所で生み出されるビールやジンを、
地元のパブやレストランでぜひ味わってみて！

### West Kerry Brewery / Beoir Chorcha Dhuibhne
【ウェスト・ケリー・ブリュワリー】

半島西部の小村リアスクにある4代続くパブで醸造される地ビール。水は先祖伝来の井戸水を使用。ディングル半島以外にはあまり流通していないので、この地に来たらぜひ！

エールやスタウトのほか、フルーティーな味わいのペール・エール「ブルー・ローズ」もおすすめ。

https://westkerrybrewery.ie

### Dingle Original Gin
【ディングル・オリジナル・ジン】

ウイスキー蒸留所で熟成を待つ間につくられるジン。野に咲く花を思わせるフローラルなアロマが特徴。同メーカーのウォッカもあり。

http://www.dingledistillery.ie

ナナカマドの実、ホクシャ、サンザシ、ヒースなどこの地域特有の植物で香りづけされる。

ディングル・タウンにある2012年オープンの蒸留所はかつての製材所。

## 🛍 アイルランドいちおいしいパン！

# Beatha 【バハ】

上・店名の「バハ」はアイルラン
ド語で「生命」の意味。／左・発
酵させずにつくるパンが主流だ
ったこの国では菓子パンはまだ
まだ新しいもの。

個人経営の小さなベーカリー、バキュー
ス（bácús）の焼き立てパンが並ぶ食
材店。サワードウの天然酵母パン、アイ
ルランド伝統のソーダパンのほか、デニッ
シュやクロワッサンなど菓子パン類も種類
豊富。ジューシーでサクサクのピーチ＆チ
ェリー・ペイストリーや、やさしい甘さの
アーモンド・クロワッサンは、ひと口食べ
たらほっぺたが落ちることうけあいです！

Green Street, Dingle, Co. Kerry, V92 KV18
https://www.bacus.ie
🕐 水～土曜8:30～16:00、日月火曜・一部祝祭日休
※バキュース（bácús）のパンは店から徒歩約10分の
ベーカリー（V92 VY02）にてクリックアンドコレク
トも可。オーダーは前日16:00まで。9:00～15:30、
土日月・一部祝祭日休／MAP📍P.17［C-2］

## ☕ こだわりのコーヒー・タイム

# Bean in Dingle
【ビーン・イン・ディングル】

コーヒーと音楽を愛する若きバリスタ、ジャス
ティンとルークの街角の小さなカフェ。自家焙煎
のこだわりの1杯と、町のベーカリーの焼きたて
スイーツを求める人が列をなすことも。なつかし
のソフト・ロックからメロウなダンス曲まで、2人
のプレイリストから流れるBGMが素敵な時間を
演出してくれます。

上・ブルーベリー入りの素朴なケーキは地元ベーカリーから届
けられたばかり。／左・映画『スター・ウォーズ』ロケ中は俳優マー
ク・ハミルもやって来た！ コーヒー€3〜

Green Street, Dingle, Co. Kerry, V92 K593
📞(087)2992831／http://www.beanindingle.com
🕐8:00～16:00、日曜・一部祝祭日休
MAP📍P.17［C-2］

## 🛏 野に咲く花をテーマにした客室が素敵
# Emlagh House
【エムラー・ハウス】

ディングル湾を見晴らすエレガントなカントリー・マナーハウス。品のよい調度品が置かれた客室それぞれにこの地に咲く花の名がつけられています。バスルームの壁にアザラシやスケリッグ・マイケル

花に似た色を基調とした客室。ここは暖炉やソファもあり広い「ホクシャ」ルーム。

など土地の名物、名所が描かれているのも楽しい。家具の多くは19世紀のアンティーク。メニュー豊富な朝食も絶品です。

チーズたっぷり卵のココットと「ソルジャーズ」(バターをぬった細切りトースト)。

Dingle, Co. Kerry, V92 D854
📞(066)9152345／http://emlaghhouse.com
🛏ツイン・ダブル€140〜、シングル・ユース€110〜／全10室
◎季節により連泊割引あり。11〜2月頃休
MAP📍P.17[C-2]

---

## 🛏 朝食が楽しみ！ フレンドリーな町の宿
# Quayside B&B 【キーサイドB&B】

港の目の前にある町歩きに便利なB&B。古い石造りの建物はかつて町へ来る人が馬を停めておく駐車場ならぬ、駐「馬」場でした。宿を切り盛りするモリシュとテレサ夫妻はグルメからゴシップまで知る町の情報通。2人がもてなしてくれる朝食に舌鼓を打ちながら、ゲストがみんなでが和やかにおしゃべりに興じるのが毎朝の楽しい光景です。

上・かつて干し草を入れておく屋根裏だった天井が高く細長い部屋。朝日が気持ちいい。／左・地元の赤砂岩を使った1885年の建物。つい数十年前まで人々は馬で町へ来ていた。

The Tracks, Dingle, Co. Kerry, V92 XF82
📞(066)9151068
http://www.quaysideguesthouse.com
🛏1室€70〜／全6室
MAP📍P.17[C-2]

定番アイリッシュ・ブレックファーストも農業が盛んな田舎で食べるとよりおいしい。

# セント・パトリックス・デーはディングルで

3月17日朝6時、夜明けの町に響きわたる鼓笛隊の音。休日の早起きは苦手なアイルランド人もこの日は特別。ディングルの町では全国の先陣をきって早朝にセント・パトリックス・デー・パレードがはじまるのです。まだ暗い通りを行進する鼓笛隊の行き先は、150年の歴史ある聖メアリー教会。ここで聖人の日を祝うミサがあげられ、お返しに鼓笛隊が何曲か演奏。クリスマスの深夜のミサの荘厳さに、祭りの華やぎをミックスしたような独特のムードに胸が高鳴ります。

守護聖人パトリックの日は、春の兆しにようやく顔を出しはじめる小さなシャムロック(P.35)を胸につけ、緑の衣装に身を包み町へ出る日。この時期アイルランドの首相は移民の歴史によりつながりの深いアメリカ合衆国へ出向き、ホワイト・ハウスの大統領を訪ねるのが習わし。両国の友好の印にシャムロックの鉢植えをプレゼントします。そもそもは海外に住むアイルランド人が祖国を想い祝う日で、今や日本も含め

世界各国で行われるパレードも、発祥は19世紀のニューヨーク。貧しい時代が長かった本国アイルランドでは歴史が浅く、90年代後半から少しずつ大がかりな催しが行われるようになりました。

全世界から人が集うダブリンの国際的な大パレードもいいですが、あえてこの日は素朴でささやかな田舎の祭りに参加してみるのも楽しいものです。ディングルの夜明けのパレードは祭りのほんのはじまりにすぎず、午後1時からが本番。地元スポーツ団の子どもたち、伝統音楽のミュージシャン、トラクターに乗ったファーマー、ダンス教室の女の子たち……とアイリッシュネスあふれる素朴な連が次々登場し、思わず笑みがこぼれます。もうすぐやって来る春の気配に胸を躍らせ、家族や仲間と晴れの日を祝うとびきりの笑顔に出会える日。昼間のパレードが終わったら、夜はパブへくり出すこともお忘れなく。普段は静かな町も、この日ばかりはにぎやかな宴が深夜まで続きます。

©Dave O'Connor

◎聖パトリックの命日と言われるこの日は、移民先で苦労した先祖をしのぶ日でもある。なお、ナショナル・カラーのグリーンは大地の色、カトリック教徒の色。

# Dingle Peninsula
【ディングル半島】

周遊路沿いに咲き誇るヒメヒオウギスイセンは夏のディングル半島の風物詩。

## 海の向こうはアメリカ大陸!

　1927年、世界初の大西洋単独無着陸飛行を成しとげた飛行家リンドバークが、ニューヨークを出発して最初に目にした陸地は「ギザギザした、半分山に覆われたような」ディングル半島でした。首都ダブリンから遠く離れた西の果ての地は、アメリカにいちばん近いヨーロッパ。大洋から吹く風がどこか自由で軽やかに感じられるのはそのせいかもしれません。

### 🚗 Slea Head Drive
【スレー・ヘッド・ドライブ】

ディングル・タウンから最西端の岬を周遊する48kmの周遊路 (R559)。道路が細いため、観光バスなど大型車にならって時計まわりに周遊するのがおすすめ。

Slea Head Drive

Sybil Head
シビル・ヘッド

Three Sisters
スリー・シスターズ

Kilmalkedar Chure
キルマルキダー教会 P.1

リアスクの石柱 P.127　Riasc

Gallarus Ora
ガララス礼拝堂 P.

Three Sisters
スリー・シスターズ P.135
（ビューポイント）

Louis Mulcahy
Pottery Workshop
ルイス・マルカヒー陶器工房 P.136

R559

Inishtooskert
イニシュトゥースカート

Dingle Tov
ディングル・タウン P

R559

Dunmore Head
ダンモア・ヘッド P.134

Coumeenoole Beach
クミノール・ビーチ

Fahan Beehive Huts
フナハンのビーハイヴ遺跡群 P.1

---

📍 ついに到達! 島内最西端
# Dunmore Head
【ダンモア・ヘッド】

上・絶景!アイルランドいち美しいと言われるクミノール・ビーチ。／右・「眠れる巨人」の本当の島の名は「イニシュトゥースカート」。

　アイルランド島にはヨーロッパ大陸より西へせり出す西経10度を越えるポイントがいくつかあります。最西端にあるのが西経10度30分に位置するこの岬。手前のビューポイントからのながめはまるで絵葉書そのもの。岬を歩いて、最西端のガウラン・ポイントをながめることもできます。

　引き潮の時だけあらわれる美しいクミノール・ビーチ (Coumeenoole Beach) は、1970年の名画『ライアンの娘』の印象的な嵐のシーンの撮影地。さらに西には大小6つの島からなるブラスケット諸島が連なります。岬の通過前後に見えてくる「眠れる巨人 (Sleeping Giant)」もお見逃しなく。

見学スポットは数か所あるが、子羊を抱っこできるここHold A Baby Lambがおすすめ。

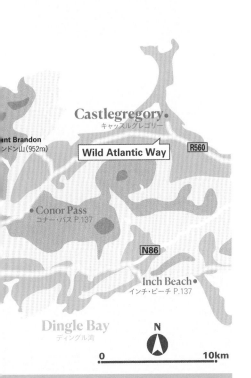

Castlegregory
キャッスルグレゴリー

Wild Atlantic Way

R560

nt Brandon
ンドン山(952m)

Conor Pass
コナー・パス P.137

N86

Inch Beach
インチ・ビーチ P.137

Dingle Bay
ディングル湾

N

0    10km

## 📍 額に入れてながめたい景色
# Three Sisters
【スリー・シスターズ】

　ギザギザと入り組んだ海岸線が織りなす景色は、まるで1枚の完璧な絵画。背後にそびえる3つの峰は「3姉妹」と名づけられ、この地のニックネームに。峰のわずか西方向の断崖シビル・ヘッド (Sybil Head) は、2016年に映画『スター・ウォーズ／最後のジェダイ』(2017年12月公開) のロケ地となり、世界的に話題になりました。

## 📍 小人の国に来たみたい
# Fahan Beehive Huts
【ファハンのビーハイヴ遺跡群】

　まるでおとぎ話の小人の家のような石の小屋の謎の遺跡群。ディングル半島とスケリッグ・マイケル (P.138) に主に見られる。8世紀頃海からの外敵から身を守るために建てられたとの説が一般的ですが、より古い時代にケルト人が築いたと唱える人も。単体ではなくまとまって建てられるのが普通で、小屋同士が秘密の抜け道でつながっているものも。かつてはこの斜面一帯に400以上あったそうです。

Glenfahan, Dingle, Co. Kerry, V92 WE14
📞(087)9745977
https://www.beehivehuts.com
©見学料€4。夏期はカフェあり

Hold A Baby
LAMB ➡

石をきっちり重ね合わせてドーム型に積み重ねていく、アイルランド古来の技法。

絶景スポットの多いディングル半島のなかでもとくに美しい景色。

## ケルトを感じる石のモニュメント
# Kilmalkedar Church
【キルマルキダー教会】

島内に300発見されているオガム石のひとつと、ユニークな形の石の十字架。

緑の大地になじむ地元の赤砂岩造りが美しい12世紀の教会廃墟。聖山ブランドンへの巡礼の道沿いにあり、巡礼路の目印として建てられた半円形の珍しい石柱が今も残ります。

キリスト教普及以前にこの地のケルト人が発明した呪術文字オガムが刻まれた貴重な石柱も必見。線文字を下から上へ読み上げるのは、木が根から上へ伸びる様子になぞらえたケルト人の樹木信仰のあらわれ。聖なる大地の恵みも吸い上げ、特別なオーラを放っているかのような佇まいです。

アイリッシュ・ロマネスク様式の馬蹄型のアーチがきれいに残る。内部にも石碑あり。

## 素朴で端正な石の芸術
# Gallarus Oratory
【ガララス礼拝堂】

バイキングの木造教会が石造りになった?

年代が特定されない謎の遺跡のひとつ。アイルランド語で「Gal」は「外国人」を意味するので、11～12世紀頃巡礼にやって来た他民族が建てた祈りの場であるとの説が一般的。曲線を帯びたデザインと緻密に積まれた石の風情は、素朴ながらも見とれるほどの美しさ。東の壁にくり抜かれた円形の窓からの光が、自然と融合していた原始キリスト教の趣きを感じさせます。言い伝えによると、この窓を通り抜けることができれば天国へ行けるのだそう!

Gallarus Oratory Visitor Centre, Ballydavid, Dingle, Co. Kerry, V92 Y028
(066) 9155333／http://www.gallarusoratory.ie
【ビジターセンター】10:00～18:00、11月～イースター休
€4 (ビジターセンター休業時は無料)

## 自然の光を集めたようなきらめき
# Louis Mulcahy Pottery Workshop
【ルイス・マルカヒー陶器工房】

「アイリッシュ・クラフトのゴッドファーザー」と称され、国内外で幅広い支持を得る陶芸家ルイス・マルカヒーの工房とショップ。美しいデザインとこだわりの釉薬が施された光沢感のある仕上がりが特徴。自然豊かな環境で丁寧に手焼き生産された品々がずらり並ぶショップは一見の価値あり。ルイスの妻リスベスがデザインする、陶器の色合いを思わせるウールのスカーフやストールもここで買えます。

まるで磁器のような輝きと美しい色合いが素敵。マグカップ€22.5など。

Clogher, Ballyferriter, Dingle, Co. Kerry, V92 NV04／(066) 9156229
http://www.louismulcahy.com／10:00～17:30、一部祝祭日休
◎ディングル・タウンのリスベス・マルカヒーのショップ(V92 F584)でも購入可。

ディングル半島南岸、対岸のイヴェラ半島に向かって
のびる5kmの美しい砂州。荒々しい大西洋の波も2つの
半島に遮られてここでは比較的穏やか。休日にはサーフィ
ン、ウォーキング、日光浴に人が集まります。映画『ライア
ンの娘』の砂浜でのシーンは多くがここで撮影されました。
　海辺のカフェレストラン、サミーズ（Sammy's）では、マ
シュマロたっぷりのホットチョコレートやケーキ、シーフード・
チャウダーをおともにピーチをながめてひと休みできます。

📍 **名画の舞台のビーチに遊ぶ**
# Inch Beach
【インチ・ビーチ】

☕ **Sammy's Inch Beach**
Inch, Co. Kerry, V92 F348
📞 (066)9158118／http://sammysinch.com
🕙 10:00〜20:00、月火曜・一部祝祭日休

サミーズのマシュマロ入りホット・チョコレート€3とマフィン€2.5。

光を反射してキラキラ輝くビーチ。海と空がひとつ
になって溶け合っていくかのよう。

霧雨と光のなかに虹が現れた！ドラマチックな光景はまるで異次元の空間。

📍 **スリリングな峠の名所**
# Conor Pass
【コナー・パス】

ディングル・タウンから半島北岸へ通じる峠の道。いちばん高
い地点は標高456m、山越えの道としては島内いちの高さです。
滝のあるビューポイントから見えるのは1万年前に氷河により形成
された太古の地形。背後の岩場をのぼると、知る人ぞ知る峠の名
所パドラーズ・レイク（Paddlers Lake）が。アイルランドいち水
が冷たいと言われるこの湖へ、みそぎの気分で泳ぎに来る元気な
アイルランド人もいます！

▌ディングル・タウンから約12km、R560号線上 ⊘大型車両通行禁止

## ハリウッド映画
## お気に入りのロケ地

　1970年の映画『ライアンの
娘』のロケが行われたのはテレ
ビ普及以前の自給自足の時代。
人々は紙幣も映像も見たことが
なかったそう。撮影は半島各
所で行われ、地元の人が多く
エキストラとして出演しました。
1992年のトム・クルーズ主演
の映画『遥かなる大地へ』、
2017年の『スター・ウォーズ
エピソード8／最後のジェダ
イ』もディングル半島がロケ地
です。

地元女性メアリー
さんがトム・クルー
ズと一緒に撮っ
た大切な思い出
写真。

【スケリッグ・マイケル】
# Skellig Michael

## 一度は訪れてみたい秘境中の秘境！

　ケリー周遊路として知られるイヴェラ半島の沖合12kmにある、世界遺産に指定される岩島。映画『スター・ウォーズ』シリーズの2015年公開『フォースの覚醒』のラスト・シーン、2017年公開の『最後のジェダイ』全編がここで撮影され、この世のものとは思えないような未知の景観が話題を呼びました。荒波の向こうに浮かぶようにして現れる切り立った岩の島は、霊験あらたか……というフレーズが思わず口をついて出る神秘的な絶海の孤島。その昔、多くの聖職者たちも同じ思いをいだき島へ渡ったことでしょう。

高さ180mの地点にある史跡へ続く石段は、『スター・ウォーズ』ファンなら見覚えあり！

左・左がリトル・スケリッグ、右がスケリッグ・マイケルこと、グレート・スケリッグ。ボートから2島同時にながめられる。／下・夏には岸壁に可憐な花が咲き乱れる。白い花は野生のカモミール。

上から／上陸中のニシツノ
メドリ。／グレート・スケリッ
グには、6体のビーハイヴ型
のほこらが残る。／右・ボー
トは屋根なし、ウィンドブレ
ーカーがあるとよい。

そそり立つ先端は高さ
218m。ノーベル文学賞
作家ジョージ・バーナー
ド・ショーも訪れ感激した。

## 🍴 ボート・トリップ後にほっとひと息

# Fisherman's Bar Portmagee
【フィッシャーマンズ・バー・ポートマギー】

ボートが出航するメインの港ポートマギーに
ある、新鮮なシーフード料理で人気のパブ・レ
ストラン。ぜひ味わいたいのが、名物のシーフ
ード・プラッターに必ず含まれる地元産のカニ
爪。船から降りたら、ビール片手においしいラ
ンチをぜひ。

2 Harbour View, Portmagee, Co. Kerry, V23 Y439
📞(066) 9477103
http://www.fishermansbarportmagee.com/
🕐12:00〜23:30(金土曜01:00、食事は20:00まで)、
　一部祝祭日休／MAP📍P.18[C-1]

左・ムール貝、小エビ、スモークサ
ーモン、タラやイカのフライなど盛
りだくさんのプラッター。／右・夏
は店の外で食べるのも気持ちいい。

周辺のショップで見つけた
『スター・ウォーズ』のキャ
ラクター、ポーグをもじった
「ポーグマギー」Tシャツ！

## Access

🚤 おすすめの上陸ボート・ツアー予約先

### Skellig Michael Voyage
📞(087) 6871261
https://www.skelligmichael.voyage/

### The Skellig Experience Tours
📞(066) 9476306／(087) 6359950
https://skelligexperience.com/tours/

◎所要約5時間(ボート往復・島の滞在
　時間含む)。朝7〜10時にポートマギー
　(Portmagee)または近くの港を出発。
　天候によりボートが出ないこともある
　ので、出発の可否と正確な出発時間
　は前日までに確認を。予約は前年12
　月〜当年3月頃から受け付け開始(年
　やツアー会社により異なるので、ウェ
　ブサイト等で要確認)。
◉€120〜(12歳以下は予約を受けな
　い会社もあり)
MAP📍P.13／P.18[C-1]

スケリッグ・マイケルの600段の急な石段は巡礼の道そ
のもの。岩のてっぺんにはビーハイヴ(ハチの巣)型の石造
りのほこらや墓地が残り、6〜8世紀頃から12世紀までの
数百年間、ここに暮らし修行生活を送った修道士たちがい
たことを物語っています。

島は野鳥の保護区でもあり、5〜8月はニシツノメドリ(Puffin)、
3〜10月はカツオドリ(Gannet)が多く見られます。ニシツ
ノメドリは4〜8月初旬の繁殖期のみここに暮らし、その後
はカナダなどへ移動。ラッキーにもこの時に島を訪れれば、
クチバシがオレンジ色の愛らしい姿を間近で見ることができ
るかも。

島へ上陸できるのは5月中旬〜9月末(年により変動あり)。
政府から上陸認可を受けた限られた数のボート(2023年
は15社)が毎朝出発します。天候によりキャンセルになるこ
とも多々あり、容易に到達できる場所ではありませんが、そ
れだけに一生の思い出となることでしょう。ボートの予約は
お早めに。

## 知られざる南西部の半島へ

アイルランド南西部には大西洋に突き出す風光明媚な3つの半島があります。北からディングル半島（P.134）、イヴェラ半島、そして訪れる人がもっとも少なく秘境感ただようのがベラ半島。荒涼とした山や海の景色を求めて足をのばしてみましょう。

【ベラ半島】
# Beara Peninsula

ケリー側でブラックフェイスの羊の出迎え。グランモア湖とイヴェラ半島の山々を臨む。

📍 絶景のヘアピン・カーブ！
## Healy Pass
【ヒーリー・パス】

ベラ半島めぐりのおすすめルートは、半島の背骨を成す13kmの山脈越え。途中にあるヒーリー・パスからのながめが圧巻です。ここがケリーとコークの県境となり、コーク側へ下るスリル満点のヘアピン・カーブは自動車レースの格好のコースとして世界のレーサーたちのあこがれ。北側には国内最高峰のカラントゥーヒル（1038m）を含むケリーの山々も一望できます。地元意識の強いケリーとコークは昔からよきライバル同士。かつてお葬式の行列が通る時は、亡骸をこの峠で棺に納める習慣があったそうです。

上・ドライブ好き、ツーリング好きなら血が騒ぐ見事なヘアピン・カーブ。／右・ヒーリーは初代アイルランド自由国総督となった20世紀初頭の地元出身の政治家の名。

ヒーリー・パスへの登り口は、北のLauragh（Co. Kerry）または南のArdrigole（Co. Cork）。R574号線上。
MAP📍P.18[C-1]

## 📍 アイルランド唯一のロープウェイ
# Dursey Island
【ダーズィー・アイランド】

半島西端から切り取られたかような長さ6.5km、幅1.5kmの小さな島。潮流が激しくボートでの行き来が危険なため、島に住む6名の住民の本土への唯一の交通手段は、1969年に設置されたロープウェイ。この静かな島はウォーキングのメッカで、「E8パス」と呼ばれるイスタンブールへ続く全長4,700kmのヨーロッパ横断ウォーキング・ルートの出発点。旅の思い出にぜひ、素朴なロープウェイに乗って島へ渡ってみては?

上・島には人間より羊の数の方が断然多い。／左上・夏の終わりのヒースと秋咲きの丈の短いハリエニシダ。／左下・ケルト神話の常若(とこわか)の国「ティル・ナ・ノーク」はここだった!? 駐車場近くに看板あり。

Ballaghboy, Co. Cork, P75 WV78
📞 027 - 73851／http://www.durseyisland.ie
⊙ 9:30〜13:00・13:30〜19:30
※2023年10月以降の運行時間はウェブサイトを要確認
💶 往復大人€10、子ども(16歳以下)€5 ※支払いは現金のみ
MAP 📍 P.18[C-1]

「ケーブルカー」と呼ばれるロープウェイは定員6名、島民全員がちょうど乗れる数!

上・英作家のベストセラー旅行記「マッカーシーズ・バー」の表紙になり一躍有名になった。／右・昼間は軽食あり。漁師に交じって食べるスープとトーストサンドイッチがおすすめ。

## 📍 日本とも縁のある漁師町のパブ
# MacCarthy's Bar
【マッカーシーズ・バー】

半島南部の漁港の町キャッスルタウンベアにある1860年代創業のパブ。4代目オーナーのエイドリアンが切り盛りする店内は創業当時のまま今も食料雑貨店を兼ね、町の人が入れ代わり立ち代わりやって来ます。

1995年に他界したエイドリアンの父エイダンは第2次世界大戦に軍医として赴き、捕虜として日本に送られました。命を救った日本軍将校より日本刀を授かり、そのストーリーは『A Doctor's Swords』という映画に。日本刀は今もパブ上階の自宅で大切に保管しているそう。

The Square, Castletownbere, Co. Cork, P75 NX52
📞 (027) 70014／https://www.maccarthysbar.com
⊙ 10:30〜23:30(金土曜24:30)、日曜12:30〜23:00、一部祝祭日休
MAP 📍 P.18[C-1]

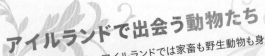

# アイルランドで出会う動物たち

牧草地や自然が多いアイルランドでは家畜も野生動物も身近な存在。
緑の大地をほんわか和ませてくれる、
旅の途中でしばしば出会う愛らしい動物たちをご紹介します。

乳牛肉牛合わせて国内に約740万頭。好奇心旺盛で、近づくと目を合わせてくる。

### Cows／牛

お腹に白い腹巻をしたようなベルティド・ギャロウェイ（Belted Galloway）は乳牛の一種。

### Connemara Pony
コネマラ・ポニー

アイルランド土着の馬。かつては農耕馬として活躍、現在は乗馬用。競走馬にくらべ小ぶり。

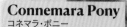

### Deer／鹿

この国の哺乳動物でいちばん大きい「アカシカ」のほか、「ダマジカ」、「シカディア」と呼ばれるニホンジカの3種が野生に生息。ウィックロウ山中、グレンベイ国立公園、キラーニー国立公園、ダブリンのフェニックス公園で見られる。

### Sheep／羊

国内に約700万頭。顔と脚が黒い「ブラックフェイス」や「サフォーク」が多い。春先に仔羊が大地を跳びはねる姿が愛らしい。

昔、重労働をさせた罪滅ぼしに今はペットとして大事にされる。実は寂しがり屋で遊び相手をしましょう。

平均体高90cm、世界いち背の高いアイルランド原産の犬。18世紀に狼が絶滅するまでは各農場で番犬として飼われていた。現在頭数は少ない。

### Dolphins／イルカ

沿岸部を泳ぐ姿をしばしば見かける。通常は群れで行動するが、ときどき1頭だけで湾や港に住みつくことも。

### Donkey／ロバ

### Irish Wolfhound
アイリッシュ・ウルフハウンド

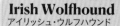

ルビー（左）とモリー（右）は
双子だけど顔形も身長も違う。

# アイルランドには
# 双子が多い？

国民平均年齢が日本[※1]を10歳下回る38.8歳という、若者人口の多いアイルランド。少子化が進むとはいえ昔ながらの子だくさんの伝統から、出生率[※2]はEU先進諸国中常に平均を上回っています。街を歩けばベビーカーをひんぱんに見かけ、産院はいつもいっぱい。今の40代くらいまでのアイルランド人は兄弟姉妹が4〜5人というのが普通で、誕生日だの結婚式だのと大人になってもわいわい集まりなんだか楽しそう。

男女の双子も多い。
女の子モリー（左）と男の子キリアン（右）。

兄弟姉妹が多いだけでなく、双子が多いのもこの国の特徴。身近な友人を見まわしてみても双子の片割れ、もしくは家族に双子がいる人が半数以上。アイルランド人にとっては当たり前のことなのでとくに不思議に思っていないようです。指摘されてはじめて、「そういえば同僚10人全員に双子の兄弟姉妹がいるわね〜」なんてことを言いだすので驚いてしまいます！

赤毛のエリザベスと黒い髪のエリは似てない双子。
性格も違う。

なぜアイルランドに双子が多いのか？ 19世紀の大飢饉で生存本能が刺激され、1度にたくさん生まれやすくなったから？ 1970年代に医者が奨励したホルモン系錠剤のせいで、70年代生まれに双子が多いと言う人もいます。いずれも医学的根拠はなく真相は定かではありませんが、身近に双子のいない環境で育った私にはただただミステリー。キュートなツインズたちは、アイルランドの不可思議な魅力のひとつになっているようです！

一卵性双生児のヴァネッサ（左）とクレア（右）は
なんと同時期に2度妊娠！

大人になっても大の仲良し、
ピーターの晴れの日を祝うテレサ。

※1 48.75歳。（2020年）
※2 合計特殊出生率1.92人。EU平均は1.61人、日本は1.38人。（2023年）　143

## 歴史と食文化を誇る南の都

人口13万人の南部の中心都市。かつて世界いちのバター出荷港として栄えた町は、200年以上続く庶民の市場や高台のユニークな教会がランドマークです。

─ Access ─
🚆 ダブリンから列車で2時間30分〜／€21.49〜
🚌 ダブリンからBus EireannまたはAircoachバスまたはGoBusバスで3時間〜／€14〜

# Cork City 【コーク・シティ】

町の名はアイルランド語で「沼地」の意味。リー川が二股に分かれる中州に町ができた。

---

📍 **シャンドンの鐘を鳴らしてみよう**

# St. Anne's Church
## (Shandon Bells & Tower)
【聖アン教会(通称:シャンドンの鐘楼)】

左・町が一望!円形の建物は19世紀のバター取引所、今はダンス・スタジオ&シアター。／右・教会の塔の上には港町らしく、風見鶏の代わりに風見サーモンが。

コショウ入れのような鐘楼がシンボルの教会は1722年建立。塔に設置された8つの大きな鐘を自分で演奏することができるというユニークなスポットです。132段の階段をのぼりきると、塔のテラスからコークの町の360度の大パノラマが見渡せます。

Easons Hill, Shandon, Cork, T23 YN88
📞 (021) 4505906／http://www.shandonbells.ie
🕐【11〜2月】11:00(日曜祝日11:30)〜15:00、【3〜5、10月】10:00(日曜祝日11:30)〜16:00、【6〜9月】10:00〜17:00、日曜祝日11:30〜16:30、一部祝祭日休(最終入場は閉館30分前)
🎫 大人€6、シニア・学生€5、子ども€3／MAP📍P.18[B-2]

---

🛍 **紙のマジックに魅せられて**

# Barbara Hubert Bookbindery
【バーバラ・ハバート・ブックバインダリー】

製本業を本業とする地元女性バーバラが手づくりする文具や紙小物のショップ。店内は作業所でもあり、昔風の大きな紙切り機で美しい紙が裁断される音がノスタルジックに響きます。使うのがもったいなくなる素敵なノートやレターセットは見ているだけでうっとり。

Hatfield House, Tobin Street, Cork, T12 ED1R
📞 (021) 4277546
http://www.hubertbookbinding.com
🕐 9:00〜17:00、土日曜・一部祝祭日休
MAP📍P.18[B-2]

特別なギフトにしたい箱入りレターセットや鉛筆入れ。A4サイズのノート€15〜。

# 🛍️🍴☕ 市場で楽しむ伝統の味
# Farmgate Café 【ファームゲート・カフェ】

店内はカルチャー・スポットでもあり、文化、歴史に関する展示も行われている。

18世紀より市民の台所として食文化を支えてきたイングリッシュ・マーケット。上階のカフェ・レストランでは市場の新鮮な素材を使った伝統の食を楽しめます。「肉と野菜だけでこんなにおいしいの?」と唸らされるラム・シチューや、玉ねぎと牛乳で煮たトライプ（牛の胃袋）にドリシーンと呼ばれる血や内臓の腸詰を添えた、コーク地方の珍しい郷土料理€12.5も味わえます。デザートには、私がアイルランドいちおいしいと思うブレッド&バター・プディングもぜひ。パンの食感、地元産バターの風味、カスタードのかかり加減すべてがパーフェクトです。

English Market, Princes Street, Cork, T12 NC8Y
📞(021)4278134／http://farmgatecork.ie
🕐9:00～15:30・土曜8:30～16:00（ランチは12:00～）、日月曜・祝祭日休
◎ランチは予約可
MAP📍P.18[B-2]

左から／ホクホクのジャケットポテトがつくアイリッシュ・ラム・シチュー€16.5。／もとはキッチンの余りもので作られたというブレッド&バター・プディング€4.5。

上・活きのいい魚が並ぶ市場はコーク市民の台所。市場内ではフラッシュ撮影は厳禁。／左・昔ながらの外観を残すグランド・パレード側の入り口。ほかに3か所あり。

細い路地を曲がると古い建物や、色あざやかな家並みがあるので散策してみて。

# Kinsale 【キンセール】

## 舶来の風吹く おしゃれな港町

　明るくカラフルな町並みとヨットハーバー。歴史的、地理的にイギリス、フランス両文化の影響を色濃く受けるこの町には、どことなく異国の香りがただよいます。ワイルド・アトランティック・ウェイの終着点となる町。海が見える路地を歩けば楽しい発見がたくさんありそう。

町はヨットハーバーに隣接。セーリング、ローイングなどマリン・スポーツが盛ん。

### Access

ダブリンから列車でコークまで2時間35分〜/€21.49〜、またはAircoach/GoBus/Bus Eireannバスでコークまで3時間〜/€14〜。コークからBus Eireannバスでキンセールまで約50分/€7.6〜

## 📍 旅の記念に持ち帰りたいアート写真

# Rohan Reilly Gallery
【ローハン・ライリー・ギャラリー】

アイルランド最南端の岩にそびえる歴史ある灯台「The Fastnet」。50x50cm€275〜。

　町に数軒あるフォト・ギャラリーのなかでも、ショップウィンドウにのぞく魅力的な写真に思わず吸い寄せられるように入ってしまうのがここ。静かな時を切り取ったような写真家ローハンの白黒の世界は、もとDJという経歴、建築への造詣、日本のミニマリズムとの出会いがひとつになって生まれたもの。プリントは25×25cm€95〜。希望サイズを伝えて後日郵送してもらうことも可能です。

名所旧跡ではない、何気ない風景が切り取られている。

41 Main St, Kinsale, Co. Cork, P17 WV80
📞 (087) 0927166
www.rohanreilly.com
🕐 11:30〜17:30、一部祝祭日休
MAP 📍 P.18 [A-2]

広々とした店内で商品を手に取って見やすいように工夫されたディスプレイ。

創業25年、町のおしゃれな女性たち御用達のショップとして不動の地位を保つ。

ツイード生産で知られるアーダラ（P.98）の「モロイ&サンズ」のダイヤモンド織（綾織）スロー€198。

## 🛍 洗練されたニットやツイードが見つかる

# Granny's Bottom Drawer
【グラニーズ・ボトム・ドロワー】

　アイルランドが誇る上質のニットやツイードを集めたセレクト・ショップ。国内各地のサプライヤーを自ら訪ね、デザインや品質、手ざわりや着心地まで確かめたうえで店頭に並べるというオーナー、クローダのこだわりが、美しいだけでなく長く愛用できる確かな品ぞろえにつながっています。デザインと着心地にすぐれた「フィッシャーマン・アウト・オヴ・アイルランド」のセーター、西部の老舗「フォックスフォード」のブランケットをはじめ、オーガニックカシミアで注目される「エコツリー」のニット帽やストールも。クローダの目利きによるおみやげになりそうな小物もあるので、店名のとおり「おばあちゃんの引き出し」を開ける気分で素敵なものを探してみて。

53 Main Street, Kinsale, Co. Cork, P17 X571
📞(021)4774839
https://grannysbottomdrawer.com
🕙10:00～18:00、一部祝祭日休
MAP📍P.18[A-2]

左・広く明るい店内。キンセールのビンテージ風プリントは町のショップでも売っている。／下・通年新鮮な生牡蠣が食べられる。お好みでスパイシーなソースをつけて。6個€16.95。

## 🍴 アイルランド人を魚好きにした店
# Fishy Fishy Restaurant
【フィッシィ・フィッシィ・レストラン】

　もと魚屋のオーナー・シェフが経営し、全国にその名を知られる人気シーフード・レストラン。「魚は天然のファーストフード」をポリシーに、旬や鮮度を知り尽くしたシェフが生み出す料理はシンプルかつクリエイティブ。港町の地の利を活かしシェフ自らが毎朝素材を厳選。地元産の生牡蠣は潮の香がただよううさっぱりした味わいで前菜におすすめです。いろいろな海の幸を少しずつ味わいたいときは冷菜の「テイスト・オブ・ザ・シー」も。魚介のうまみがたっぷりつまったシーフード・スープは、定番のクリーム仕立てのチャウダーではなくハーブを効かせたトマト・ベース。一度食べたら忘れられない新鮮な味です。

店内に飾られた漁師たちの写真。海の恵みへの感謝の気持ちをあらたに。

Crowleys Quay, Kinsale, Co. Cork, P17 CY80
📞(021)4700415
http://www.fishyfishy.ie
🕐12:00〜20:00(金土曜20:45)、
　月火曜・一部祝祭日休
◎人気店のため要予約
MAP📍P.18[A-2]

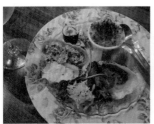

左から／肉厚のスモークサーモン、フィッシュ・パイ、マグロの寿司などが品よく盛りつけられたテイスト・オブ・ザ・シー€16.95。／チャウダーとブイヤベースの中間のような食感のシーフード・スープ。小€9.95、大€11.95。

飛行機の模型やパーツが。航空ファンでなくともワクワクしてくる！

☕ 地元っ子のお気に入り
# The Flying Poet
【ザ・フライング・ポエト】

　元パイロットが経営するカフェバー。店内に所狭しと飾られた航空アイテムと、書棚にずらり並ぶ古書が店名の「空飛ぶ詩人」を物語ります。町歩きに疲れたら、地元焙煎のコーヒー €2.5〜と、パンをグルテンフリーに変えることもできるトーストサンドイッチ €6.3をぜひ。町のリビングルームと呼びたい居心地のよさです。

44 Main Street, Kinsale, Co. Cork, P17 H042
📞(085)2635431
https://flyingpoet.ie
🕙10:00〜18:00、一部祝祭日休
MAP📍P.18[A-2]

上・店内書棚の古書は自由に読むことができ、持ち寄った古書と交換することも可能。／左・ハニー＆マスタード・ドレッシングがおいしいポエト風ガーデンサラダ€8もおすすめ。

🛏 ☕ グルメなカフェに泊まる
# Lemon Leaf Café Bar & Townhouse
【レモンリーフ・カフェバー＆タウンハウス】

ポーチドエッグにスモークサーモンを合わせたエッグロイヤル。

この町に多い切妻屋根の構造がよくわかる寝室はシックで落ち着いたデザイン。

　街歩きに最適なロケーションのカフェバー主体のB&B。こじんまりした部屋の窓から路地をのぞけば、まるでこの街に住んでいるかのような気分に。寝心地よいベッドで目覚めたら、1階カフェで自慢の朝食を。フレンチトースト？ エッグロイヤル？ 淹れたてのコーヒー片手にゆっくり悩んでください！

70 Main Street, Kinsale, Co. Cork, P17 PN28
📞(021)4709792／https://lemonleaf.ie
🛏1室€90〜(朝食なし)、€105〜(朝食つき)／全10室
カフェ🕣8:30〜17:00、一部祝祭日休／MAP📍P.18[A-2]

## 🛏 海辺の宿で優雅な休日

# Cliff House Hotel
【クリフ・ハウス・ホテル】

コーク・シティから車で1時間、アイルランド南東部の静かな海辺の町アードモアに全室シー・ビューのブティック・ホテルがあります。1930年代から続く歴史ある館内を2008年に全面改装。スタイリッシュなインテリアのなかにアイルランド伝統のエッセンスがほどよく散りばめられているのが素敵。むき出しのスレートの壁は崖の上という立地にぴったり、客室のベッドスローはドニゴールのエディ・ドハティー（P.98）の手織りツイードです。国内のおしゃれな女の子たちがあこがれるのもそのはず、ピート（泥炭）を使ったトリートメントを体験できるスパ、13年連続ミシュランの星を獲得し続ける「ザ・ハウス」レストランでのテイスティングコース・ディナーなど、とっておきの一夜を演出するのに必要なものがすべてそろった、ロマンチックなスポットです。

左から／海に開けた開放感あふれるガラス張りのシャワー・ルーム。／ロフト式ベランダ・スイートのベッドルーム。／巻貝を思わせるらせん階段。海、貝殻、海藻が館内インテリアのさまざまなモチーフに。

Middle Road, Dysert, Ardmore, Co.
Waterford, P36 DK38
📞(024)87800
https://cliffhousehotel.ie
🛏 1室€249〜（朝食つき）、€379〜
（5コース・テイスティングディナー2名分つき）、€509〜（7コース・テイスティングディナー2名分つき）
◎スパつきプランもあり
◎「ザ・ハウス」レストランは日月曜・一部祝祭日休
MAP📍P.13

上・オーナーシェフ、トニー・パーキンのフレンチ＆タイの要素を取り入れた「ザ・ハウス」のディナー€100〜。／右・海を眺めながらデトックス。泥炭、海藻、エッセンシャルオイルなどから選べる入浴セラピー40分€50〜。

このロケーションが最高の贅沢。海に面したホテルでは国内唯一の5ツ星。

## クリフ・ウォークのすすめ

　断崖と海の景色、古い教会跡地などをめぐる4kmのクリフ・ウォークがホテル正面玄関から手軽に楽しめます。このウォークは健康維持のため、ホテル従業員にも日課にするよう奨励されているもの。おしゃれなゴム長靴を借りて歩けば、雨のあとのぬかるみも平気。アードモア名物、高さ30mの12世紀のラウンド・タワー（P.9）もお見逃しなく。

四季折々の花や実に彩られる海沿いの小道。海風が気持ちいい。

12世紀の聖デクラン大聖堂のラウンドタワーは長い年月で斜塔に。教会壁面の彫刻も見事。

巡礼の道のサイン。ここは「聖デクランの道」と呼ばれる96kmの巡礼路の一部。

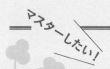

## アイルランドのツウな英語

アイルランドではほぼ全土で英語が話されますが、母国語アイルランド語（P.117）の文法や言い回しの影響もあり、この国ならではの表現やフレーズがユニーク。いくつか覚えておくとアイルランド人との会話も弾みそう！

### 【あいさつ】

## What's the craic?
ワッツ・ザ・クラック？

「元気？」「最近どう？」といった「What's up?」「How's it going?」に相当する表現。「craic」は「楽しみ」の意味のアイルランド語で会話のいろいろな場面に頻出。

> **例** It was good craic!（イト・ワズ・グッド・クラック）
> ＝「とっても楽しかった！」

## I'm grand アイム・グランド

「How are you?」と聞かれたときの「I'm fine!」に相当。「grand」は通常「壮大な」という意味だが、この国では「元気だよ！／大丈夫！／OK！」くらいのニュアンス。

> **例** That's grand.（ザッツ・グランド）
> ＝「それならよかった／了解」
> You are grand.（ユー・アー・グランド）
> ＝「いいんだよ／大丈夫だよ」

## Thanks a million!
センクス・ア・ミリオン！

直訳すると「100万回のありがとう！」と大袈裟だが、「センキュー」の日常的な言い方。「Thanks a mill（センクス・ア・ミル）」と縮めて言うことも。

### 【各地特有の表現】

🍀 北アイルランドで

## wee ウィー

北アイルランドの人の口癖。もともと「小さい／ちょっと」という意味だが、小さいものに限らずさまざまな単語の前につくのがカワイイ。

🍀 ドネゴールで

## What'bout ye? ワタバウチ？

これは「What about you?（元気？／最近どう？）」という挨拶のドネゴール訛り。略して「バウチ？」。聞き慣れないと、魔法の呪文に聞こえる!?

🍀 ダブリンで

## Dublin ドブリン

「ダブリン」とは聞こえない。母音をこもって発音するので、「buy（買う）」も「boy（少年）」も「ボイ」に聞こえる。

### 【アイルランド特有のフレーズ】

## Fair play to ya フェア・プレイ・トゥー・ヤ
よくやった
（「Well done」と同じ意味で、スポーツの「フェアプレイ」ではない）

## Happy Days! ハッピーデイズ！
やったね！／うまくいったね！
（状況により「迷わずやってみなよ！」という意味にも）

## Lovely! ラブリー！
素敵！／いいね！
天気によく使われますが、人や食事を表現してもOK。

## Deadly! デッドリー
いいね！／最高！
男性がよく使う。「わかった／OK」くらいの意味にも。

## Donkey's year ドンキーズ・イヤー
とても長い間（直訳：ロバの年月）

## A whale of a time
ア・ウェール・オヴ・ア・タイム
とても楽しい時間（直訳：クジラの時間）

## Garda ガーダ
警察（アイルランド語の「Garda Síochána（ガーダ・シィーホーニャ＝平和の守護者）」の略称）

---

### 独特の時間の数え方

アメリカ人が理解できないというこの国の時間の数え方。

**9時15分**
**Quarter past nine**
クオーター・バスト・ナイン「9時を4分の1過ぎ」の意味

**9時半**
**Half nine**
ハーフ・ナイン「9時の半分」の意味

**9時45分**
**Quarter to ten**
クオーター・トゥー・テン「10時へ4分の1」の意味

Northern
Ireland
神秘の北アイルランド

デリーにある銅像「Hands Across the Divide（分断を越えて手をつなごう）」。1992年、両勢力が互いに歩み寄り、過去を忘れて和解を目指そうとする過程で建立された。

# 北アイルランド
## 成り立ちと北アイルランド紛争のこと

　アイルランド島には、ダブリンを首都とするアイルランド（共和国）と、ベルファーストを首都とする北アイルランドの2つの国があります。島の6分の一を占める北アイルランドはイギリス[※]の一部で、アイルランドの通貨がユーロなのに対しイギリスポンドが使われ、言語もアイルランド語併記はなく英語オンリー。同じ島にありながら、なぜこのようなことになったのでしょう。

　1922年、アイルランドは長きにわたるイギリス統治から独立を果たしますが、「自由のための第一歩」として強いられた妥協策が北アイルランドの分離でした。当時の北アイルランドは造船やリネン産業で栄えていた上、17世紀以降にイングランドやスコットランドから入植したイギリス系プロテスタントが多数を占めていため、イギリスは自国に留めておきたかったのです。

　島内に500kmにわたる国境線が引かれ、プロテスタント優勢の政策のもと、北アイルランドに暮らすアイルランド系カトリックは不平等な差別を受けることに。1960年代後半、平等を訴えるキャンペーンが火種となり、プロテスタントとカトリックの対立が激化。居住区は分離壁で隔てられ、皮肉にも「ピースウォール（平和の壁）」と呼ばれました。これが約30年間続いた北アイルランド紛争で、双方の過激派によるテロ行為やイギリス軍の弾圧により、一般市民を含む3500人が命を奪われました。

　1998年、和平合意が締結され、30年間続いた紛争は終結しました。それに伴い島内の国境管理が取り払われ、南北アイルランドの自由で安全な行き来が可能となりました。しかし、いまだ取り払われることなく残る北アイルランド内の「ピースウォール」は、紛争の痛ましさを物語っています。世代を超えて受け継がれる負の記憶や暴力の連鎖をどう断ち切っていくのかも大きな課題。和平合意から25年が経った今、平和を死守していくことの大切さ、難しさがより問われています。

## ピースウォール

1969年より、ベルファースト市内に20数か所、北アイルランド全土に21キロにわたり建設された分離壁（「ピースライン」とも）。近年少しずつ撤廃され、両コミュニティーの交流が図られていますが、負の歴史の教訓を伝えるために残されている場所も。

■ 15 Cuper Way, Belfast, BT13 2RX／MAP♥P.19[B-1]

　[※]イギリスの正式名称は「グレートブリテン及び北アイルランド連合王国」。

中心を流れるラガン川と造船所の黄色いクレーンが街のシンボル。

# Belfast 【ベルファースト】

## タイタニック号が生まれた街

　北アイルランドの首都ベルファーストはダブリンに次ぐアイルランド島第2の都市。ラガン川のほとりに開けた小さな集落は19世紀に産業革命の恩恵を受け、リネンと造船の2大産業で大変繁栄しました。街の中心は1906年完成の白亜のシティホール。レストラン、ショップ、宿泊施設も界隈に多く集まっています。

左から／ヴィクトリア時代の繁栄の象徴シティホール。当時街の人口はダブリンを上回った。内部はツアーにて見学可（無料）。／ラガン川再生プロジェクトを祝して1999年に設置された「ビッグ・フィッシュ」像。10mのボディにタイムカプセルを内蔵。

### Access

🚌 ダブリンからバスで2時間20分／€17〜
🚆 ダブリンから列車で2時間15分／€13.99〜

◎ベルファーストのレストランは7月後半〜8月前半、12月下旬〜1月初旬などホリデー・シーズンに1〜2週間休業する場合があります

## 📍 悲劇の豪華客船の造船地へ
# Titanic Quarter
【タイタニック地区】

　1912年、処女航海で沈没した豪華客船タイタニック号の造船所跡地を保存・開発した地区。斬新なデザインの博物館「タイタニック・ベルファースト」を中心に、近年カフェやホテルが次々にオープン。2011〜2019年に放送され世界的人気となったTVドラマシリーズ『ゲーム・オブ・スローンズ』の撮影が行われた有名なタイタニック・スタジオズもこの地区にあります。

展示館隣りの煉瓦造りはタイタニック号が設計された歴史的な建物。

タイタニック地区と周辺に『ゲーム・オブ・スローンズ』の物語をテーマにした6つのステンドグラスのモニュメントあり。

### Titanic Belfast & SS Nomadic

Titanic Quarter, Belfast, BT3 9EP
📞 (028)9076 6386／http://titanicbelfast.com
Titanic Belfast ◷【1〜3・11・12月】10:00〜17:00、【4・5・9・10月】9:00〜18:00、【6〜8月】9:00〜19:00。12/24〜26休（年により変動あり）
SS Nomadic ◷【1〜3・11・12月】11:00〜16:30、【4・5・9・10】10:00〜17:30、【6〜8月】10:00〜18:30。12/24〜26休（年により変動あり）
€ 大人£24.95、子ども（5〜15歳）£11（ノマティック号の入場含む）／MAP 📍P.19[B-2]

## 📍 週末はマーケットに出かけてみよう！
# St George's Market
【セント・ジョージズ・マーケット】

上・地元で人気のバーガーやスイーツ、インド料理やパエリアなどもありランチにおすすめ。／右・マーケットで食べられる名物「ベルファースト・バップ」。

　昔はジャガイモから家畜まで売り買いされ、市民の食を担ってきたマーケット。現在は週末（金土日曜）のみオープン。1890年代に建てられた煉瓦と赤砂岩の建物内に、コーヒーやスイーツ、おいしいB級グルメの屋台が充実。土日曜はクラフト系の屋台も多く、日曜は中央で音楽演奏もあり、お祭りのような雰囲気になります。

12-20 East Bridge Street, Belfast, BT1 3NQ／📞(028)90435704
https://www.belfastcity.gov.uk/stgeorgesmarket
⊙【金曜】8:00～14:00、【土曜】9:00～15:00、【日曜】10:00～15:00
MAP📍P.19[C-1]

## 📍「今」をときめく古い路地
# Cathedral Quarter 【カテドラル地区】

　産業都市ベルファーストを支えた19世紀の商業取引地区。かつて商人たちが闊歩した石畳の路地に、近年カフェやレストラン、バー、ミニシアターなどが集まり、グルメ・カルチャー・ナイトライフが楽しめるヒップなエリアに生まれ変わりました。路地裏の壁には、紛争時代の歴史や町の英雄の肖像画も。地区の呼び名は近くにあるベルファースト大聖堂こと聖アン大聖堂に由来しています。

フォトスポットとしても人気の路地、コマーシャル・コート（Commercial Court）。

High Street, Donegall Street, York Street, Dunbar Linkに囲まれたエリア。Waring Street, Hill Street辺りがにぎやか。／MAP📍P.19[B-1]

## 📍 お城のように美しい大学校舎
# Queen's University 【クイーンズ大学】

バラの名はこの町出身のサッカー選手「ジョージ・ベスト」。

　1849年創立の名門国立大学。中世の古城かのように美しい赤レンガ造りの豪華な本校舎ラニョン・ビルディングは一見の価値あり。建物内のショップは大学グッズのほかメイド・イン・アイルランドの小物やクラフトも充実。隣接のボタニック・ガーデンズ（Botanic Gardens）では、街の人々や学生たちがのんびりとくつろぐ様子が見られるほか、6～9月に見頃となるバラ園もおすすめ。北アイルランドの園芸所で生まれたバラを多く集めています。

ノーベル文学賞受賞者シェイマス・ヒーニー、俳優リアム・ニーソンもこの大学の卒業生。

University Rd, Belfast, BT7 1NN／📞(028)90245133　◎隣接するボタニック・ガーデンズは入場無料
Welcome Centre ⊙8:30～17:00、土日・一部祝祭日休／https://www.qub.ac.uk/home/welcome-centre/
MAP📍P.19[C-1]

元ブッシュミルズ・ウイスキーの倉庫を改
装。カテドラル地区にある。

ハンガーステーキ£18。トリュフ・ソースと流行りのカリフラワーのグリルが美味。

ルバーブのコン
ポートが添えら
れたベイクド・ア
ラスカ£8.25。

　2022年6月のオープンから1年経たず
してミシュラン・ガイドに加えられた話題の
レストラン。ベルファーストで長く親しまれ
てきた高級ビストロ、ジェイムズ・ストリー
ト（JAMES ST）のオーナーシェフ、ナイ
ル・マッケナが、食を介したコミュニティー
づくりを目指し、自身が手がける料理学校の
隣に開いたカジュアル・ダイニングです。

　地元産の旬の食材をヨーロピアン・テイ
ストに仕上げたメニューは日替わり。ある日
私がチョイスしたハンガー（サガリ）ステー
キは、グラスフェッド牛の甘みとジューシー
な舌触りが絶妙。デザートのベイクド・アラ
スカは一度食べたら忘れられない味！ ラン
チにはお得なセット・メニュー2コース
£18.5、3コース£22.5もあります。

店内は大きなダイニング・ルームのような雰囲気、今流行りの北欧テイスト。

併設されている料理学
校には、1日だけ参加で
きるコースもあり。

Waterman House, 5-23 Hill Street, Belfast, BT1 2LA
📞(028)90434310 / https://www.waterman.restaurant
🕐12：00(日曜13：00、水木曜17：00)～21：30(日曜19：00)、月曜・一部祝祭日休　要予約
MAP📍P.19[B-1]

# 街で楽しむ海辺の味
## Deanes Love Fish
【ディーンズ・ラブ・フィッシュ】

スタイリッシュなインテリアに散りばめられた海や魚のモチーフがキュート。

　市内に5店舗の違ったテイストのレストランを展開する有名シェフ、マイケル・ディーンのシーフード専門のカジュアル・ダイニング。イカ、ホタテ、牡蠣などベルファースト近郊で穫れる定番シーフードをシンプルな味つけで楽しめます。

　おすすめはランチ・タイムの1皿£9.5の軽食メニュー。小ぶりなポーションなのでいろいろな味を試してみたいときにぴったり。揚げ加減が絶妙のソルト&チリ風味のイカ、クリーミー具合が適度なシーフード・チャウダーはまさに唸りたくなる味。地元産の人気のジン、ジョーボックス（Jawbox）とコラボしたディーンズ・オリジナル・ジン「Deaneo」もぜひ試してみて。

28-40 Howard Street, Belfast, BT1 6PF
📞(028) 90331134
https://www.michaeldeane.co.uk/love-fish
🕐火水曜12:00〜15:00、
　木金曜12:00〜15:00、17:00〜21:30、
　土曜12:00〜22:00、日月曜祝祭日休 ◎要予約
MAP📍P.19[C-1]

定番のイカ揚げも、シーフード料理を好む人が多いと言われるベルファーストならではの鮮度とおいしさ。

5店舗中ラブ・フィッシュ、ミート・ロッカー、イービックの3軒が隣り合わせに並ぶ。

左から／小エビのオープン・サンドイッチはほんのり甘みのあるギネス入りブラウン・ブレッドで。／さわやかな都会のマリンテイストの店内。

## ☕ 定番ブランチをひとひねり
# Neighbourhood Café
【ネイバーフッド・カフェ】

　週末には行列のできる街いちばんの人気カフェ。ジューシーなハムとポーチドエッグがクロワッサンからこぼれる「エッグ・ベニー」£10.50、アボカドに赤タマネギのピクルスとフェタチーズがとけあう「アボ・トースト」£7は驚きのおいしさ。ピーナツラー油や豆腐を使ったユニークな料理もあり、キッチンの自由な発想と野心がうかがえます。

アボ・トーストに使われているパンはサワードウブレッド。ポーチドエッグのせがおすすめ。

33 Donegall Street, Belfast, BT1 2FG
https://neighbourhood.cafe
⏰ 7:30(土日曜8:30)〜16:00(土日曜17:00)、一部祝祭日休
MAP📍P.19[B-1]

左から／飲食店が多く集まるカテドラル地区にある。／食の流行に敏感なベルファーストっ子でにぎわう店内。

## 🍺🍴 ナイトアウトはここで決まり！
# The Dirty Onion & Birdyard
【ザ・ダーティー・オニオン・アンド・バードヤード】

ライブミュージックは、コンテンポラリー、アコースティックが中心。

上・ウェアハウスの造りをそのままに活かした趣きある外観。／右・バターミルクやパプリカに24時間漬け置きした地元産チキン1/4サイズ£8〜と地元産クラフトビール、ヤードマン£5.6。

　ドリンク、食事、音楽ライブをひとつの場所で楽しめる、カテドラル地区 (P.156) のホットなスポット。ウイスキー貯蔵庫だったむき出しの木骨造エリア、暖炉のある落ち着いたバー、街で最大のビアガーデンが一か所に。お腹がすいたら上階のダイニング「バードヤード」で、目の前であぶり焼きされるこだわりのチキンをぜひ。地元のミュージシャンによるライブ演奏で、エキサイティングな夜を！

3 Hill Street, Belfast, BT1 2LA
📞(028)90243712／http://www.thedirtyonion.com
⏰ 12:00〜25:00(日曜24:00)、一部祝祭日休
◎音楽演奏は19:30頃〜(金土日曜17:00または18:00頃〜)、出演ミュージシャンは日替わり(WEB、SNSで告知)
MAP📍P.19[B-1]

## 🛏 旧リネン工場のブティック・ホテル
# Ten Square Hotel
【テン・スクエア・ホテル】

　古きよき時代がしのばれる19世紀の旧リネン工場がホテルに。ベロア素材のファブリックや、スタイリッシュなインテリアはモダンな落ち着きを感じさせます。ホテル内の「リネン・バー（Linen Bar）」は、街の人々が集う人気スポット。ステーキハウス「ジョスパーズ（Jospers）」の地元バリメナ産ステーキ、ルーフトップ・バー「ザ・ロフト（The Loft）」で街をながめながら飲むカクテルもおすすめ。シティホールの真裏という便利なロケーションが街歩きに最適です。

上・古い天井装飾の残るリネン・バーは宿泊客だけでなく街の人のお気に入り。軽食もあり。／右・ヨークシャーハウス（旧館）の客室は鮮やかなブルーをアクセントにしたインテリア。

ブティックルームからのシティホールのながめ。

┃ 10 Donegall Square South, Belfast, BT1 5JD
📞(028)90241001／http://www.tensquare.co.uk
🛏 1室£130〜（朝食なし）、£145〜（朝食つき）／全131室
MAP📍P.19[C-1]

## 🛏 宿はリーズナブルに街を楽しむ
# Bank Square Townhouse
【バンク・スクエア・タウンハウス】

　街の中心にリーズナブルに滞在したいならここ。豪華さはありませんがシャワーのお湯もしっかり出て、Wi-Fiはハイスピード。ナイトライフを楽しめるカテドラル地区（P.156）の目と鼻の先にあるので、帰りが多少夜遅くなっても安心です。館内にレストランはなく朝食もつきませんが、周囲にカフェやレストランがいっぱい。街で一二を争う人気レストラン、モーン・シーフード・バー（Mourne Seafood Bar）はすぐ隣です。

レセプションは24時間オープンで安心、対応もフレンドリー。

┃ 34 - 42 Bank St, Belfast, BT1 1HL
📞(028)90991226
https://banksquaretownhouse.com
🛏 1室£59〜（朝食なし）／全19室
MAP📍P.19[B-1]

明るくシンプルな内装。設備は清潔で過不足なし。

## 🛏 高級ホテルで優雅な時を
# Culloden Estate & Spa
【カロデン・エステイト&スパ】

　19世紀の大司教館を増築・改装したエレガントな5ツ星高級ホテル。美しい調度品に囲まれたラウンジに足を踏み入れると、豪華に活けられた生花の香りが。ベルファースト湾を見晴らすラウンジでお茶を飲んだり、広々した敷地を散歩したり。時の流れを忘れてゆったり過ごせる特別な空間です。

　ホテル内には3つのレストランがあり、宿泊客に朝食がふるまわれるメイン・ダイニングの「ヴェスパーズ（Vespers）」では地元産食材を使った7コースのテイスティング・メニュー£85が楽しめます。フェイシャルやホットストーン・マッサージが人気のスパ（予約制）では、マッサージとアフタヌーン・ティーを組み合わせた「スパティセリー」£115〜など魅力的なプランも。

上から・局所気候のためベルファースト市内より常に3℃気温が高く、朝の散歩が気持ちいい。／カロデンとは初代の屋敷主の妻の名前。石材はスコットランドから船で運ばれたという。

上・客室は7タイプ。庭園とベルファースト湾のながめが最高なタワースイート。／右・優雅な雰囲気ただようラウンジ。トニー・ブレア元英首相やU2のボノも宿泊。

Bangor Road, Holywood, Belfast, BT18 OEX
📞(028)90421066／https://www.cullodenestateandspa.com
🛏1室£257〜（朝食なし）、£309〜（朝食つき）／全98室
MAP📍P.13

# Causeway Coast
【コーズウェイ・コースト】

## 📍 巨人伝説が息づく奇岩の名所
## Giant's Causeway
【ジャイアンツ・コーズウェイ】

　晴れた日にはスコットランドを見渡せる海辺にある世界遺産の奇岩。海になだれ込むかのごとく広がる石柱群は6000万年前の火山活動によりできた柱状節理[※]です。4万本ある石のなかには、座ると願いごとが叶うウィッシング・チェア、パイプオルガンなど楽しい呼び名がつけられているものも。デコボコした岩のくぼみにできた水たまりをホップステップしながら子どもにかえったような気持ちで歩いてみてください。健脚派にはビジターセンターから石柱群へ片道約45分のハイキング・ルートもあり。高台のビュー・ポイントからの景色は柱の1本1本がミニチュアのように見えてなんともユニークです。

※岩体に規則的に生じた柱状の割れ目。地中から吹き出したマグマが冷えて固まるときにできる

巨人の足音が聞こえそう？
ナショナルトラストが管理
するスポットで人気No.1。

上・ビュー・ポイントからのながめ。風が強い日は飛ばされないよう気をつけて。／下・石柱前でこんな記念写真も撮ってみたい！

44 Causeway Road, Bushmills, Co. Antrim, BT57 8SU
📞(028)20731855
https://www.nationaltrust.org.uk/visit/
northern-ireland/giants-causeway
【ビジターセンター】
🕘9:00〜17:00、12/24〜26は休業
💷大人£13.5〜、子ども(5〜17歳)£6.75〜
〈駐車場はオンライン予約者のみ利用可〉
MAP📍P.18[C-2]
◎ビジターセンターから石柱群へのシャトルバス 片道£1

## 巨人フィンの伝説

「巨人の土手道」を意味する地名は土地の伝説によるもの。海辺の石柱は巨人フィン・マックールが対岸スコットランドのライバルの巨人と対決する際につくった土手道の名残りだとか。果たし合いの前夜に怖じ気づいたフィンは、賢い妻の手引きにより赤ん坊になりすまします。「赤ん坊がこんなに大きいのなら、その父親のフィンはとてつもない大きさだ」と早合点したライバルが戦わずして逃げ帰ってしまい一件落着したそうです！

## 🍴旧小学校の素朴なレストラン
# The Nook 【ザ・ヌック】

　ジャイアンツ・コーズウェイ入り口にある元小学校の校舎の古い石造りのレストラン。メニューは、海の幸をジャガイモで封じ込めたアツアツのフィッシュ・パイ£16.5やミニ・サイズの日替わりスープとサンドイッチのコンボ£14.5など、アイルランド人が日々食べているシンプルでおいしいものばかり。海風に吹かれたあとにほっとひと息つける場所です。

48 Causeway Road, Bushmills, Co. Antrim, BT57 8SU
📞(028)20732993
🕘11:00〜17:00、天候により短縮、一部祝祭日休／MAP📍P.18[C-2]

「ヌック」とは隅っこや人目につかない場所の意味。外が寒い日は暖炉に火が灯される。

サーモンたっぷりのクリーミーなフィッシュ・パイはでき立てを冷めないうちに。

## 📍アイルランドいち絵になる廃城
# Dunluce Castle 【ダンルース城】

　荒々しい海岸線の一部と見まがうような中世の廃城は、16世紀末、対岸のスコットランドから到来したマクドネル一族の居城でした。そのたたずまいは後世の物語や音楽にインスピレーションを与え、「ナルニア国」(P.167)のケア・パラベル城のモデルに。レッド・ツェッペリンのアルバム「聖なる館」のジャケットにデザインされたことでも有名。

87 Dunluce Road, Bushmills, Co. Antrim, BT57 8UY
📞(028)20731938
https://discovernorthernireland.com/things-to-do/
dunluce-castle-p675011
🕘9:30〜17:00(12・1月16:00)、一部祝祭日休、最終入場は30分前まで
💷大人£6、子ども(5〜17歳)£4、学生・シニア(65歳以上)£4.5
MAP📍P.18[C-2]

廃墟ながらも内部には在りし日の暖炉の跡やキッチンの構造が。

ジャイアンツ・コーズウェイの色の黒い玄武岩と対照的に、白亜の石灰岩がまぶしい。

## 白亜の岸壁でスリルを味わう
# Carrick-a-Rede Rope Bridge
【キャリクアリーディ吊り橋】

　高さ30m、長さ23mのスリル満点の吊り橋は、かつて土地のサーモン漁師が対岸のキャリク島に渡るために架けたのがはじまり。今では漁獲量が減り漁師の姿は見られなくなりましたが、代わりにコーズウェイ海岸を訪れる人々が肝だめしにやって来るように。吊り橋へ至る片道1kmの遊歩道からながめる白い岸壁とキラキラ輝く海の色は、一度目にしたら忘れられない美しさです。

漁師が使用していた頃の手すりは片側だけ。現在の橋は2008年に架け替えられたもの。

野鳥や水鳥がたくさん。夏に岸壁に見られるフルマカモメ(Fulmers)。

119a Whitepark Road, Ballintoy,
Co. Antrim, BT54 6LS
📞(028)20769839／https://www.nationaltrust.org.uk/carrick-a-rede
🕐9:00～17:00、9/4～11/5は9:00～16:30、12/27～31は10:00～15:00、
　11月初旬～12/26は休業(2024年1/1以降はWEBで要確認。天候によりクローズあり)
◎要予約 🅴 大人£13.5～、子ども(5～17歳)£6.75～(橋を渡らない場合は無料)
MAP📍P.18[C-2]

長さ約500m。車両の進入禁止。近くのザ・ヘッジズ・ホテル(The Hedges Hotel)に駐車場あり(有料)。

## ミステリアスな自然のトンネル
# The Dark Hedges
【ダーク・ヘッジズ】

　18世紀の貴族の大邸宅へ続く道に植えられたブナの木の街路樹。年月を経て道路に覆いかぶさるように成長した姿は、まるで自然のトンネル。アメリカ制作の人気ドラマ「ゲーム・オヴ・スローンズ」のロケ地となり知られ、多くの人が訪れる名所に。幽霊でも出てきそうなちょっと不気味な雰囲気に、私もはじめて訪れた時は背筋がゾクゾクしました。

Bregagh Road, Stranocum, Co. Antrim, BT53 8PX
https://discovernorthernireland.com/things-to-do/the-dark-hedges-p703291
MAP📍P.18[C-2]

# 🛏 ウイスキーと絶品プディングの宿
# The Bushmills Inn
【ザ・ブッシュミルズ・イン】

暖炉に火が燃えるラウンジで楽しげに談笑
する老夫婦。まるで映画のワンシーンのよう。

ジャイアンツ・コーズウェイを目指す旅人に宿と食事を提供するコーチング・インとしてはじまった由緒あるホテル。泥炭が燃える暖炉や木造張りの天井など、当時がしのばれる館内はまるで博物館のよう。この街でつくられるブッシュミルズ・ウイスキーにちなみ、客室がそれぞれ違ったウイスキーの名で呼ばれるのも素敵。ウイスキー名に合わせたポスターや絵を飾り、インテリアも部屋ごとに変えています。

ホテル内レストランは旅の途中の食事処として人気。秘伝のレシピでつくられるアイルランドいちのスティッキー・タフィー・プディングは、スポンジのしっとり感とタフィー・ソースの甘じょっぱさが絶妙のおいしさ。

天蓋つきベッドが似合う昔風の客室にはシンプルな品のよさが漂う。

上から・創業は1600年代。19世紀の鉄道開通で馬車客が来なくなり、鳥小屋になったことも。／あたたかい状態で出されるデザート。砂糖不使用の濃厚な生クリームを添えて。

9 Dunluce Road, Bushmills, Co. Antrim, BT57 8QG
📞(028)20733000／http://www.bushmillsinn.com
🛏 1室£189〜(朝食つき)／全41室
MAP📍P.18[C-2]

物語の世界が広がる

アイルランド共和国との国境近くに連なるモーン山脈は、ジャイアンツ・コーズウェイの巨人フィン・マックール（P.163）が眠りこんでそのまま岩になったと言われる伝説の山。

# Mourne Mountains【モーン山脈】

貯水池周辺は、不思議なパワーに吸い寄せられるようなマジカルな空気感。

## Access

🚌🚃 ベルファーストからTranslinkバスまたは列車でニューリーへ55分〜／バス£10.5〜、列車£12.5〜
🚌🚃 ダブリンからGoldlineバスまたは列車でニューリーへ約1時間15分〜／バス€9〜、列車€11.59〜
🚕 ニューリーからタクシーで約30分／£40〜

## 📍 山のなかに横たわる静寂
## Silent Valley Reservoir
【サイレント・ヴァリー貯水池】

　20世紀初頭、産業都市として発展するベルファーストに水を供給するため、険しい山中に10余年の歳月をかけて建設された貯水池。印象的な山を借景に、輝く水をなみなみ湛える景色は息をのむ美しさです。かつて1,000人を動員する危険な工事が行われたとは想像できないほど今はのどかな雰囲気。周辺一帯は山岳公園に指定され、最短1.6km、最長10kmの6種のウォーキング・トレイルで難易度に合わせたハイキングも楽しめます。

1.8kmの「ネイチャー・トレイル」は緑のトンネルをいくつもくぐり抜ける。

Silent Valley Mountain Park, Head Road, Kilkeel, Co. Down, BT34 4HU
📞 (0345) 7440088／https://www.niwater.com/silent-valley
🕙 10:00〜18:00 (11〜3月16:00)、一部祝祭日休
【敷地内カフェ】🕙 10:00〜17:00 (10〜3月16:00)、一部祝祭日休
🚗 一般車両£5、徒歩大人£1.6、子ども£0.6／MAP 📍 P.13

左から／風そよぐヒマラヤ・ハニーサックルの花は森にひそむ宝石のよう。／公園内にはナルニア国のアスランを思わせるモチーフも。

# C.S.ルイスと「ナルニア国物語」

　古い衣装ダンスの扉の向こうに広がる「ナルニア国」(※) のストーリーの作者は、ベルファースト出身の神学者・作家C.S.ルイス（C.S.Lewis、1898-1963）。イギリスに暮らしながらも故郷の北アイルランドを生涯愛したルイスがナルニア国のイメージとしたのは、サイレント・ヴァリー周辺のモーン山脈とカーリングフォード湾の景色だと言われています。ベルファーストと周辺には物語の登場人物の銅像のあるC.S.ルイス広場、ルイスが育った家、洗礼を受けた教会、通った名門校、物語に出てくる印象的な街燈のモデルなど、ルイスとナルニアゆかりの地が多く残されています。

※「ナルニア国物語」は1950年代に刊行された、聖書の内容を暗に反映させた7部作の児童小説。創造主のライオン「アスラン」が開いた架空の国で4人の兄弟姉妹が与えられた使命を果たす冒険を描く。

半神半獣のタムナスさん

生誕100周年に建立された「探求者（Searcher）」像。

カーリングフォード湾とモーン山脈。

白い魔女

ナルニアの創造主アスラン

## アイルランド旅のヒント

### 🍀 日本からアイルランドへ

　日本からの空の玄関口はダブリン。定期の直行便は運航していないので、ロンドン、ヘルシンキ、アムステルダムなどヨーロッパ1都市経由、ドバイ、イスタンブールなど中東1都市経由が一般的。日本からヨーロッパまでは約12〜14時間、そこからダブリンまで約1〜2時間なので、日本を午前中に出る便に乗れば同日の夕方〜夜に到着できます。中東経由の場合は午後発となる場合が多いため、翌日到着となります。

　ベルファースト、コーク、シャノンへも、便が限られますが同日の到着が可能。ワイルド・アトランティック・ウェイの自然スポット中心に旅する場合は、ロンドンの各空港（スタンステッド、ルートン、ガトウィックなど）からLCCのライアンエアーなどで、アイルランド・ウエスト空港（ノック）やシャノン空港へ入る方法もあります。

### 🍀 ダブリン空港から市街地へ

#### バス

　ダブリン空港はシティセンターから約12km、車で約30分。ダブリンバス（P.169）のルート16・41、エアコーチとダブリン・エクスプレスのいずれかが15〜30分おきに24時間運行しています。平日7時半〜9時半、17時〜19時はラッシュアワーで45分〜1時間以上かかることも。チケットはオンラインで予約可。空港乗り場の係員や運転手からも購入できますが、乗車は事前チケット保持者が優先となります。

---

◎**Aircoach** http://www.aircoach.ie
大人片道€7〜・往復€10〜、子ども片道€3〜、往復€5〜
◎**Dublin Express**
https://dodublin.ie
大人片道€8・往復€10、子ども片道€3.5、往復€5（オンライン予約料金）
※乗り場または運転手からの購入は割高
※4:00〜24:00運行

---

#### タクシー

　空港ターミナルビルを出たところに乗り場あり。料金はメーター式で、シティセンターまでは€30〜40前後。

### 🍀 アイルランド国内の移動

#### 列車

　アイルランド鉄道（Iarnród Éireann）がダブリンからベルファースト、スライゴ、ゴールウェイ、リムリック、トラリー（キラーニー）、コーク、ウォーターフォードへ1〜2時間おきに運行。バリナ（ウェストポート）へは2〜4時間おき。チケットは当日に駅で購入できますが、事前にオンライン予約をすると割引となるうえ、座席予約（無料）もできスムーズ。往復で購入する方が割安。北アイルランドはNI Railwaysが運行しています。

　ダブリンには中央駅がなく、ベルファースト、スライゴ行きはコノリー駅、そのほかはヒューストン駅から出発します。景色を楽しむために乗るならダブリン〜ベルファースト間がおすすめ。

---

◎**Irish Rail** http://www.irishrail.ie
◎**NI Railways** https://www.translink.co.uk

---

#### 長距離バス

　国営のバスエアラン（Bus Éireann）及び私営コーチ会社が全土を走っています。ダブリンのバスアラス（Busáras＝中央バス・ステーション）や各停留所から主要都市へは1〜2時間おきに出ていますが、地方都市間は本数が限られ、冬期は運行が制限される場合もあるので事前に要確認。北アイルランド内はゴールドライナー（Goldliner）及びアルスターバス（Ulsterbus）が運行。

---

◎**Bus Eireann** https://www.buseireann.ie
◎**Goldliner Ulsterbus** https://www.translink.co.uk
◎**Aircoach**（ダブリン〜ゴールウェイ／コーク／ベルファースト）
https://www.aircoach.ie
◎**Citylink**（ダブリン〜ゴールウェイ／リムリック／コークなど）
https://www.citylink.ie
◎**Go Bus**（ダブリン〜ゴールウェイ、ゴールウェイ〜バリナ／コーク）
https://gobus.ie
◎**Dublin Coach**（ダブリン〜リマリック／トラリー／ベルファーストなど）
https://www.dublincoach.ie

---

バスエアランのロゴはアイリッシュ・セッター（犬）がトレードマーク。

## レンタカー

ワイルド・アトランティック・ウェイの自然スポットは公共交通機関が不便な場所も多く、レンタカーが便利。日本と同じ左側通行で、都市部以外は交通量が少なく運転しやすいですが、自然スポット付近は道幅が狭く曲がりくねった道路も多いので注意してください。オンライン予約をしておくと当日の手続きがスムーズ。AT車希望の場合は早めの予約を。日本の運転免許証(免許所得から2年以上経過していることが条件)と国際運転免許証、予約時のクレジットカードは必須。

ガソリンは満タンにして返却する方がお得。北アイルランドへも自由に行き来できますが、レンタル時にその旨を申し出ること。レンタカー会社によっては追加料金(約€20〜40)がかかる場合もあります。

---

◎Hertz　　　https://www.hertz.ie
◎Europcar　https://www.europcar.ie
◎Budget　　http://www.budget.ie

---

※ガソリンスタンドはセルフで、給油後にスタンド番号をレジで告げて精算します。レギュラーは「Unleaded」(緑色)、ディーゼルは「Diesel」(黒色)の表示。道路によってはガソリンスタンドが少ないこともあるので、早めの給油がおすすめ。

※M50号線は料金所がなく、カメラで車両番号が自動記録され、翌日20時までにオンライン(https://www.eflow.ie)または「Payzone」の看板のあるコンビニなどで料金を支払うシステム。レンタカーの場合は後日カード引き落としの場合も。そのほかの料金所は有人。北アイルランドは高速料金なし。

### 【走行時の注意】

🍀 ラウンドアバウト(円形交差点)では交差点を走っている車が優先。右側を確認し、車が途切れたときに進入します。最初の出口を出る場合は外側車線へ、2番目以降の出口へ出る場合は内側車線へ入り、出る時に左側へウィンカーを点灯させ合図します。(ウィンカーは日本とは逆の、ハンドル左側)

🍀 速度制限の標識は、アイルランド共和国はキロメートル、北アイルランドはマイルとなります。

🍀 シートベルトは車内にいる全員が着用すること。

🍀 飲酒運転、運転中の携帯電話使用は違法(運転が許容される血中アルコール濃度は0.5%)。

🍀 曇りの日はヘッドライトを点灯して運転しましょう。

◎安全運転のための旅行者向けサイト
https://www.rsa.ie/
road-safety/road-users/tourists

---

## 🍀 ダブリン市内の移動

### ルアス(路面電車)

レッドライン(ドックランド〜西郊外)と、グリーンライン(北郊外〜南郊外)があり、チケットは停車駅ホームにある券売機で購入します。改札はなく、車内で係員による抜き打ちのチェックがあり、無賃乗車は高額の罰金が科せられます。料金は乗車区間により、片道€1.7〜、往復€3〜。

ルアスとはアイルランド語で「速度」の意味。

◎Luas　https://www.luas.ie

### ダブリンバス

シティセンターと郊外を運行。チケットは、乗車時に行き先または乗車区間の料金を告げて運転手から購入します。お釣りは出ないので小銭のご用意を(2023年末までにクレジットカード払いが可能となる予定)。料金は乗車区間により€1.7、€2.6、€3のいずれか。下車する時は自分の降りる停車地がアナウンスされたら、車内の赤いボタンを押して合図します。降車地が近づいたら教えてくれるよう、運転手にお願いしておくと安心。一部路線はゴーアヘッド・アイルランドにより運行されますが、システムや料金は同じです。

グリーン(一部ブルー)と黄色2色の2階建てバス。

◎Dublin Bus　https://www.dublinbus.ie

### タクシー

シティセンター各所に乗り場があり、交通量の多い場所であれば流しでもつかまりますが、UberまたはFree Nowのスマホアプリで呼ぶほうが早いことが多いです。車体の上の青と黄色の「TAXI」のサインが点灯していたら空車、運転手に見えるように真横に手をあげて停めます。料金はメーター式で、初乗り€4.2〜(20:00〜8:00と日曜祝日€4.8〜)。4人まで乗れ、2人目からは1人につき€1、宿泊ホテルなどを通して予約した場合は呼び出し料金€2が加算されます。

ダブリンは比較的安全な街ですが、人出の少ない23:00〜7:00の移動は、タクシーの利用をおすすめします。

◎乗り場や流しのない地域では、宿泊ホテルなどでキャブを呼んでもらうのが一般的。料金はメーター式でなく、走行距離に応じて決められているので事前に確認を。

## ダート（郊外列車）

ノースバウンド（北行き）、サウスバウンド（南行き）の2方向。北郊外のホウス(P.74)、南郊外の海辺の町ダンレアリ、ブレイなどへ行くのに便利。チケットは各駅で購入でき、料金は乗車区間により片道€1.8～、同日の往復€3.3～。

### ◎DART
https://www.irishrail.ie/en-ie/about-us/iarnrod-eireann-services/dart-commuter

---

**Transport for Ireland**
https://www.transportforireland.ie（移動手段、料金を調べるのに便利。全土の情報も）
※バスや列車の運賃は、窓口とネットでかなり差があることも。また、何日前に購入するかや、乗車する時間帯によっても大きく異なる場合があります。

---

### ダブリンに数日間滞在するなら お得なカード

#### リープ・ビジター・カード
（Leap Visitor Card）

ルアス、ダブリンバス（ゴーアヘッド・アイルランド含む）、ダート全線乗り放題のICカード乗車券。最初の使用から24時間€8、3日間€16、7日間€32の3種類があり、ダブリン空港ターミナル1の駐車場ビル内にあるショップ「Wrights Food Fayre」で購入できます。バスは乗車時に、ルアスとダートは乗下車時に車内やホームなどにある検証機にタッチさせます。
https://about.leapcard.ie/leap-visitor-card

#### ドゥダブリン・フリーダム・チケット
（DoDublin Freedom Ticket）

リープ・ビジター・カード3日間の特典に、観光名所で乗り降り自由のホップオン・ホップオフ・バスツアー（48時間有効）がついたお得なバス。一部観光施設への入場割引も含まれ、ダブリンでめいっぱい動きまわりたい人向け。料金は€48。
https://dodublin.ie/dodublin-card

---

## ♣ お金

### クレジットカード

ホテル、飲食店、一般商店の支払いはVISA、MasterCardなら9割がた使用できます。

北アイルランドの名所がデザインされたポンド紙幣

### 現金

一部の公共交通機関、少額の支払いには現金が便利。両替所は少ないので、事前に日本で準備しておくと安心です。ATMは全土に普及しているので、カードでキャッシングも可能。

北アイルランドではユーロの使用は一部観光地のみ、飲食店などではイギリス・ポンドが必要です。銀行ごとに独自の紙幣が発行されており、名所がデザインされているものも。イギリス本土では使えないことが多く、再両替も難しいので、記念に持ち帰るのでなければ紙幣は使い切るのがベター。

## ♣ チップ

レストランでは10％程度のチップを置く習慣がありますが、ほかは気持ちに応じて。一般的にはタクシーは端数切り上げ程度、ホテルのピローチップは5ツ星以上の高級ホテル宿泊の場合のみ部屋係に手渡します。

## ♣ 電圧とプラグ

電圧は220～230V、北アイルランドでは240V。プラグは四角い三つ穴のBFタイプ。コンセント横にスイッチがついているので、差し込んだらそれをオンに。

## ♣ 水

水道水は衛生上問題なく、多くのアイルランド人は飲んでいます。スーパーやコンビニなどでペットボトルのミネラルウォーターも売られています。通常の水は「スティル(Still)」、炭酸水は「スパークリング(Sparkling)」。料金は店により500mlで€1,5～2.5くらい。

## ♣ ショップ営業時間

9時または10時（日曜は11時すぎ）～17時または18時の営業が一般的。夏の観光シーズン、都市部のスーパーマーケット(Dunnes、Tesco、Supervalueなど)やショッピングセンターは19～21時までオープン。コンビニ(Centra、Sparなど)は7～22時くらい、ダブリンのシティセンターでは深夜まで営業しているところもありますが少数です。北アイルランドは前後1時間ずつくらい短い場合が多いです。

## 🍀 トイレ事情

飲食店、観光施設利用時に使うのが望ましいですが、街歩き中にどうしても必要になったらパブやホテルへ。1〜2人だったら黙認してくれます。

## 🍀 Wi-Fi事情

ホテル、B&Bはほぼどこも全館無料。空港からのシャトルバス、列車、長距離バスも無料でつながります。カフェ、レストラン、パブでもつながるところが多いので、スタッフに確認を。

## 🍀 郵便

日本までのハガキ、手紙の送料は€2.2。北アイルランドは£2.2。切手は郵便局で購入。一部コンビニでも販売していますが、10枚セットとなります。

アイルランドの郵便ポストはナショナル・カラーの緑色！（北アイルランドは赤色）

## 🍀 気候

アイルランド島は北緯51〜55度という高緯度にありながら、暖流のメキシコ湾流の影響で比較的温暖です。冬（12〜2月）は3〜9℃、夏（6〜8月）は9〜19℃で極端な寒さ、暑さはありません。「1日に四季がある（Four season in one day）」と言われるほど天気が変わりやすく、風があるのが特徴。風向きや雨により体感温度が低く感じられる日も多く、季節を問わず雨よけにもなるフードつきのウィンドブレーカーやジャンバーが必需品。晴れると紫外線が強いのでサングラスがあると便利。

## 🍀 治安

治安状態は比較的安定していますが、夏の観光シーズンは都市部でスリや置き引きの被害も耳にするのでご注意を。早朝深夜のひとり歩きは避けましょう。

---

◎緊急時の連絡先（警察、救急車）
アイルランド➡112または999／北アイルランド➡999

在アイルランド日本大使館（Embassy of Japan in Ireland）
Nutley Building, Merrion Centre, Nutley Lane, Dublin, D04 RP73
📞(01)2028300
🕐9:30〜13:00、14:00〜17:00（土日祝・一部日本の祝祭日休）
※TESCOのあるビルの3階

## 🍀 喫煙に関するきまり

アイルランドは2004年にEUで最初に禁煙法を施行させた国。レストラン、パブも含め、屋内の公共施設での禁煙は法律で禁じられています。ホテルの客室は対象外ですが、喫煙可能な部屋は少なめ。

## 🍀 アイルランド語と英語

地名、交通標識などの看板はアイルランド語と英語の2か国語表記。アラン諸島（P.110）など一部ゲールタクトではアイルランド語のみ、北アイルランドでは英語のみとなります。簡単なアイルランド話はP.117参照。

## 🍀 アイルランドの祝祭日

1月1日／新年
2月第1月曜／聖ブリジッドの日※1
3月17日／聖パトリックの日 ┐ 公式の祝祭日
3月29日（2024年）／グッド・フライデー※2 │ ではないが学
4月1日（2024年）／イースター・マンデー※2 │ 校やオフィスの
5月第1月曜／5月の休日 ┘ 多くが休業
5月最終月曜／春の休日 ←北アイルランドのみ
6月第1月曜／6月の休日 ←アイルランド共和国のみ
7月12日／オレンジメンズ・デー※3←北アイルランドのみ
8月第1月曜／8月の休日 ←アイルランド共和国のみ
8月最終月曜／夏の休日 ←北アイルランドのみ
10月最終月曜／10月の休日 ←アイルランド共和国のみ
12月25日／クリスマス
12月26日／聖スティーブンの日※4

---

※1 2月1日が金曜になる年は2月1日
※2 移動祝祭日
※3 パレードにより交通が遮断され、一般商店、飲食店の多くが閉鎖。政治的な混乱が予想されることもあるので、この日にベルファーストなど北アイルランドの街に滞在するのは避けた方が無難
※4 北アイルランドではボクシング・デー

# INDEX

# 北アイルランド

## おわりに

　思いのたけを詰めこんで書き上げた初版の刊行
から、早いもので6年の月日が流れました。最新版
をお届けするにあたり、6年前にはじめて、ダブリ
ンの街を歩く旅行者の手にこの本を目にしたときの
感激を思い返しています。

　あれから多くの方が本書をたずさえ、アイルラン
ドを旅してくださいました。全世界が未曽有のパン
デミックに見まわれ、「旅」というコンテンツそのもの
が消えてしまった時、この本を通してアイルランド
に想いを馳せてくださったみなさんからたくさんの
メッセージをいただいたことは、観光ガイドとして
旅の再開を待つ身に大きな励みとなりました。この
場を借りてお礼申し上げます。

　海外旅行は自身の健康や時間はもちろん、世界
情勢や治安にも大きく左右されます。過去数年間に
起こったできごとにより私たちはそのことを痛感しま
したが、同時に、どのような状況にあっても「旅に出
たい」という想いが消えることはないことも実感した
のではないでしょうか。今みなさんが出ようとして
いる「旅」が現実のものであるのならもちろん、机上
や空想のものであっても、この本をみなさんの旅の
友としていただけましたら幸いです。

　最新版の刊行にあたり、全情報の見直しをおこ
ない、新たなおすすめスポットを加えました。その
中には、パンデミック中に私自身が「ステイケーショ
ン(※)」で訪れ、その魅力を発見した場所やモノも含
まれています。それらを素敵にまとめあげ、美しい
本に仕上げてくださったデザイナーの長尾純子さん、
読者の視点に立ち、より見やすくわかりやすい構成
を工夫してくださったイカロス出版の編集の西村薫
さんに、心より感謝申し上げます。

　アイルランドからたくさんの夢や希望が、みなさ
んのもとに降り注ぎますように。

2023年7月ダブリンにて
山下直子

※滞在を意味する「ステイ(stay)」と、休暇を意味する「バケ
ーション(vacation)」を組み合わせた造語で、遠くへ旅する
のではなく、近場で休暇を過ごすことを意味する。アイルラン
ドでもパンデミック中に新たな旅のスタイルとして流行した。

# 山下直子
## Naoko Yamashita

長野県上田市出身。早稲田大学第一文学部卒業。（株）ユーラ
シア旅行社添乗員として世界60数か国をまわり、2000年よ
りアイルランド在住。アイルランド公認ナショナル・ツアーガイ
ドとしてグループツアーから個人旅行まで全土を案内するほか、
ＴＶ・雑誌のコーディネート業も行う。趣味はサーフィン、バ
ラ栽培、子どもの頃からのライフワーク「赤毛のアン」研究。
◎ https://naokoguide.com（ブログ）
◎ https://guidingireland.ie（HP）

---

文・写真／山下直子

デザイン／長尾純子

マップ／ZOUKOUBOU

編集／西村 薫（最新版）、坂田藍子（初版）

## 絶景とファンタジーの島
# アイルランドへ 最新版

2023年8月30日 初版発行

著者　　山下直子 Copyright ©2023 Naoko Yamashita All rights reserved.

発行者　山手章弘
発行所　イカロス出版株式会社
　　　　〒101-0051 東京都千代田区神田神保町1-105
電話　　03-6837-4661（出版営業部）
メール　tabinohint@ikaros.co.jp（編集部）

印刷・製本所　図書印刷株式会社

旅のヒントBOOK
SNSをチェック！